… pour le Doctorat

par

Rouquier (Théophile)

Paris. 1856.

FACULTÉ DE DROIT DE PARIS.

DES MUTATIONS DE PROPRIÉTÉ

PAR ACTES ENTRE VIFS.

Thèse pour le Doctorat

L'acte public sur les matières ci-après sera soutenu
le Mercredi 16 avril 1856, à 1 heure

PAR

J. THÉOPHILE ROUQUIER

Président, M. PERREYVE, Professeur.

Suffragants : MM. DEMANTE, PELLAT, OUDOT, Professeurs.
FERRY, Suppléant.

PARIS
J. B. GROS, IMPRIMEUR DES TRIBUNAUX
Rue des Noyers, 74.

1856

A LA MÉMOIRE DE MON PÈRE,

A MA MERE, A MON ONCLE.

1. Je me propose d'étudier comment le droit de propriété peut se transmettre d'une personne à une autre. Est-ce par la convention pure, c'est-à-dire par le concours de deux volontés, ou cette convention doit-elle être accompagnée de formalités extrinsèques? Quelles sont ces formalités? Questions que chaque époque a diversement résolues. La théorie des transmissions de la propriété, en effet, comme nous le verrons en la suivant dans son histoire, subit l'influence de chaque grand mouvement social. — A Rome, elle se traduit d'abord par des formes grossières, mais significatives. Quand le droit perd sa rudesse et son originalité, elle se simplifie avec lui ; la tradition suffit pour transférer la propriété. — Chez les Francs qui connaissent depuis peu la propriété individuelle, on retrouve dans les formes de la transmission la trace de la propriété collective de la tribu. — A l'époque féodale, on y voit le reflet de la dépendance où sont enveloppées les personnes et les terres. — Dans les temps modernes, la renaissance du droit romain ramène la transmission par la tradition ; mais la pratique opère à cet égard un travail de simplification, sinon d'amélioration, qui aboutit à faire considérer la

tradition comme réalisée par la volonté des parties formellement exprimée ; c'est la supprimer en fait, tout en conservant le principe. Le principe lui-même est attaqué par les jurisconsultes philosophes du siècle dernier, qui donnent au fait abstrait de la volonté le pouvoir de transférer la propriété. — Mais, à côté de cette pratique, où la tradition elle-même n'est plus nécessaire, subsistent dans les pays du Nord les formalités du nantissement. A la doctrine spiritualiste de Grotius et de Puffendorf, la science économique répond par l'idée de publicité des drois réels, droits opposables à tous, dont la création doit dès lors pouvoir être connue de tous. De là une double tendance dans notre droit moderne qui essaie de concilier les deux principes par la distinction de la propriété transmise entre les parties et de la propriété transmise à l'égard des tiers.

2. Je ne parle ici que des transmissions où se trouve le concours simultané de la volonté des deux parties, c'est-à-dire des transmissions entre vifs. Ainsi limité, mon sujet serait encore trop vaste, si je n'en écartais la cession des droits réels accessoires, tels que le privilége et l'hypothèque.

PREMIÈRE PARTIE.

DROIT ROMAIN.

CHAPITRE PREMIER.

Idée générale des biens, du droit de propriété, et des modes de transmission en droit romain.

3. Chez les Romains, la translation de la propriété ne fut jamais attachée à la seule force de la volonté ; la convention dut toujours être accompagnée d'un fait extérieur. Dans le dernier état du droit, c'était la tradition (*traditionibus... dominia rerum non nudis pactis transferuntur*, l. 20, C. 2, 3). Dans l'origine, la tradition elle-même ne suffisait pas toujours ; il fallait un acte plus solennel.

« Lorsqu'une nation en est encore à son époque féodale, dit M. Troplong (1), et que l'idée abs-

(1) Priv. et Hyp. — Préf. p. XIV.

traite de morale et d'équité n'a pas encore pénétré dans les profondeurs de la société, le législateur est obligé de frapper les sens grossiers de l'homme par des rites symboliques et des formes palpables qui gravent dans la pensée les actes de vie civile, qui lui en rappellent l'importance, qui l'enchaînent aux obligations qui en découlent. »

Ces paroles peuvent s'appliquer au droit primitif des Romains. Tous leurs actes juridiques sont entourés de symboles et de solennités, accompagnés comme les jeux des enfants de paroles sacramentelles.

4. Matérialiste dans la forme, le droit est au fond empreint d'un esprit exclusif et jaloux ; les étrangers ne peuvent participer au droit de la cité romaine *jus quiritium*, auquel le *jus gentium* ne vient s'adjoindre qu'avec le temps.

Il y a aussi des choses plus précieuses, que le droit entoure d'une protection spéciale, qui ne peuvent se perdre et s'acquérir que plus difficilement, ce sont les choses *mancipi* par opposition aux choses *nec mancipi*.

Il est nécessaire de parler de ces distinctions et des différentes manières dont les Romains envisageaient la propriété avant de dire comment ils en avaient réglé la transmission.

5. *Domaine quiritaire et domaine bonitaire.*— Le seul droit de propriété d'abord reconnu, c'est

le *dominium ex jure quiritium*, auquel les étrangers n'avaient point part. Puis il fut permis d'avoir une chose *in bonis* sans en être propriétaire *ex jure quiritium* (Gaius, Com. II, 40); on ne peut fixer le moment précis où cette distinction fut admise. Dès lors les étrangers purent avoir ce droit de propriété que les commentateurs ont appelé *domaine bonitaire*. Les citoyens romains eux-mêmes avaient la chose simplement *in bonis*, lorsqu'ils l'avaient acquise par un mode que ne reconnaissait pas le droit civil et qui auparavant ne leur eût conféré aucun droit. Lorsque cette propriété de droit des gens était séparée du droit romain, celui qui avait la chose *in bonis* avait tous les avantages utiles; seulement il ne pouvait en disposer ni la vendiquer selon le droit strict. Mais il pouvait en acquérir le domaine romain par un certain temps de possession, si du reste il était susceptible d'avoir ce domaine, c'est-à-dire s'il était citoyen romain ou s'il avait le *jus commercii* (1). Le droit prétorien protégeait cette propriété du droit des gens par l'action publicienne.

6. *Choses mancipi et choses nec mancipi.* — Une distinction plus ancienne est celle des *res man-*

(1) Le *jus commercii* appartenait aux Latins coloniaires et juniens, et à ceux d'entre les *peregrini* qui en avaient été personnellement gratifiés; il consistait dans le droit d'être propriétaire *ex jure quiritium*, et par conséquent de recevoir et de transmettre la propriété par des modes essentiellement romains. (Ulp. frag. XIX, 1, 5.)

cipi et *res nec mancipi*. Elle existait probablement à l'époque de la loi des Douze Tables.

Les choses *mancipi*, ainsi nommées parce qu'elles étaient seules susceptibles de mancipation, mode d'acquérir dont nous parlerons plus loin, formaient une aristocratie dans les choses: c'étaient les plus importantes aux yeux des Romains ; aussi ne pouvaient-elles s'acquérir que par des modes reconnus par le droit civil. Etaient *mancipi* 1° les héritages en Italie soit urbains, soit ruraux ; 2° les servitudes d'héritages ruraux; 3° les esclaves et les quadrupèdes domestiques (*quæ dorso collòve domantur*). —(Gaius, II, 15. — Ulp. reg. XIX, 1.).

J'ajoute que non seulement l'esclave, mais le fils de famille, la femme *in manu viri* étaient aussi considérés comme *res mancipi*, puisqu'ils pouvaient être mis au pouvoir d'autrui par la mancipation.

On voit que les choses incorporelles rentraient dans cette division. En général elles étaient *nec mancipi*. Mais on avait fait exception pour les servitudes rurales ; les Romains les identifiant avec le fonds à l'exploitation duquel elles servent, en avaient fait des choses *mancpi*(1).—Le besoin de se soustraire à la rigueur du droit civil avait fait aussi

(1) Si on n'avait pas rangé les servitudes urbaines parmi les choses *mancipi*, c'est, sans doute, comme le dit M. Ortolan, parce que la disposition isolée des maisons de la Rome ancienne avait dû rendre ces servitudes plus rares et plus tardives à se produire.

considérer le patrimoine d'un citoyen, sa *familia*, comme susceptible de mancipation et l'on avait déduit de là un moyen de tester (Gaius, II, 102 et 104).

7. *Fonds italiques et fonds provinciaux.* — Les fonds provinciaux, c'est-à-dire ceux situés hors du territoire de l'Italie, non seulement étaient *res nec mancipi*, mais n'étaient pas même susceptibles de propriété privée (1) ; c'est que le domaine en appartenait au peuple ou à l'empereur ; les particuliers n'en avaient que la possession et la jouissance (Gaius, II, 7) (2). Ces fonds n'étant pas susceptibles du *dominium ex jure quiritium* n'étaient pas susceptibles par conséquent des modes d'acquisition de ce dominium. Le droit de possession que les particuliers peuvent avoir sur eux est quelque chose d'analogue à ce domaine du droit des gens dont je parlais plus haut, et comme lui était garanti par une action réelle prétorienne (3).

(1) Il faut en excepter ceux qui étaient dans le territoire des cités jouissant du *jus italicum*.

(2) Les possesseurs étaient soumis à une redevance annuelle qui, suivant que la province appartenait au peuple ou à l'empereur, se payait au trésor public (*ærarium*) et s'appelait *stipendium*, ou à la caisse impériale (*fiscus*) et s'appelait *tributum*. D'où la distinction des fonds stipendiaires et des fonds tributaires.

(3) Quelle était cette action réelle? En quoi différait-elle soit de l'*actio in rem civilis*, soit de l'*actio in rem publiciana?* C'est ce qu'on ne peut éclaircir avec le peu de documents qui nous restent sur ce point.

8. Toutes ces distinctions s'effacent avec le temps. Le droit s'est adouci sous l'influence d'une philosophie spiritualiste dont les édits des préteurs sont l'expression pratique. — Grâce à eux, le domaine bonitaire a absorbé tous les bénéfices du droit de propriété. Plus tard Caracalla a permis à tous les sujets de l'empire de se dire citoyens romains. — Le *jus italicum* est chaque jour concédé à de nouvelles provinces. — Les anciennes distinctions n'ont plus d'intérêt et plus de sens ; elles sont effacées dans les mœurs quand elles sont encore écrites dans les lois et n'existent plus que dans l'esprit de ceux *qui inutiles legis antiquæ dispositiones accipiunt*, lorsque Justinien les abroge formellement en des termes peu respectueux pour l'ancien état de choses (C. 7, 25. Const. Just.)

Dès lors plus de *res mancipi* et de *res nec mancipi*, plus de fonds italiques et de fonds provinciaux, plus de domaine quiritaire et de domaine bonitaire. — Il n'y a plus qu'un droit de propriété applicable à tout et que tous peuvent avoir, et alors comme dans le vieux droit, il sera vrai de dire : *aut dominus quisque, aut non intelligitur dominus* (Gaius, II, 40).

9. Voyons maintenant comment se transférait la propriété. Ce n'était point à la volonté, avons-nous dit, mais à un fait extérieur qu'était attachée la transmission de la propriété. Ce fait extérieur ex-

primant et réalisant la convention était la *mancipation*, la *cessio in jure* (1) ou la *tradition* : La mancipation et la *cessio in jure*, aliénations solennelles, consacrées par le droit civil, accessibles aux seuls citoyens romains (et à ceux qui avaient le *commercium*). — La tradition, mode du droit des gens, accessible à tous, existant d'abord concurremment avec les autres modes et finissant par s'y subsituer. J'étudierai successivement ces divers modes d'acquisition ; je rechercherai ensuite comment et pourquoi la tradition a pris la place des deux premiers.

CHAPITRE II.

De la mancipation.

10. La mancipation se faisait devant cinq témoins citoyens romains, avec une balance tenue par un *libripens* et un lingot de métal. Celui qui voulait acquérir, la main sur la chose, si elle était mobilière (2), prononçait ces paroles : *Hanc ego rem ex jure quiritium meam esse aio, eaque*

(1) Je ne parle pas de l'*adjudicatio*, malgré son analogie avec la *cessio in jure*, parce que ce mode n'avait rien de conventionnel.

(2) *Manu capere.* — De là viennent les mots *mancipium*, *mancipatio*.

Les immeubles pouvaient être mancipés même de loin. (Gaius, I, 121. — Ulp. XIX, 6.)

mihi empta est hoc ære æneaque libra. Puis il posait sur la balance le lingot de cuivre qu'il tenait à la main, et le donnait à celui de qui il recevait la chose mancipée (Gaius, I. 119 et s.)

On reconnaît là les ventes primitives d'un peuple qui mesure le métal au poids ; c'est ainsi, en effet, que cela se pratiquait dans l'origine (1). Quand la monnaie fût frappée d'une empreinte régulière qui garantit la quantité du métal, quand la monnaie d'argent surtout eût été introduite, l'usage sérieux et réel de la balance se convertit en usage symbolique.

11. Ce mode d'aliénation était en vigueur dès la loi des Douze Tables, sous le nom de *mancipium* (2). J'ai dit que les choses *mancipi* en avaient tiré leur nom parce qu'il ne s'appliquait qu'à elles. — Mais si les démembrements de propriété, à l'exception des servitudes rurales, ne pouvaient être mancipées, la mancipation cependant pouvait s'y appliquer indirectement par *déduction* ou *rétention.* Ainsi, quand je vous mancipe la nue-propriété d'un immeuble, je retiens l'usufruit qui se trouve ainsi constitué indirectement par une mancipation, quoique chose *nec mancipi* (Gaius, II, 33. — Paul, Vatic. frag. 47).

(1) Gaius, I, 122. — Pline, hist. nat. liv. 33, ch. 3.

(2) Cum nexum faciet mancipiumque, uti lingua nuncupassit, ita jus esto (tabula sexta).

12. La mancipation, en transférant la propriété, transférait-elle par là même la possession ? Pour les meubles, comme il doivent être présents, la mise en possession résulte du même fait que l'acquisition de la propriété. Mais quant aux immeubles qui peuvent être mancipés de loin, la propriété peut avoir passé sur la tête de l'acquéreur et celui-ci ne pas être encore mis en possession. Divers textes nous prouvent qu'on ne considérait pas la tradition comme résultant nécessairement de la mancipation (Gaius, II, 204 ; IV, 131).

En un mot, l'aliénateur, après la mancipation, pouvait encore, comme nous dirions aujourd'hui, être tenu de la délivrance.

CHAPITRE III.

De la cessio in jure.

13. La *cessio in jure*, autre mode solennel d'aliénation, est l'abdication qu'une personne fait de son droit au profit d'une autre, sous la forme d'un acquiescement à la revendication exercée par celle-ci (M. Pellat). — Par conséquent, c'est devant un magistrat, *jus dicens* (1) que se passe ce procès fictif entre celui qui cède la chose (*in jure cedens*) et

(1) Le préteur à Rome, le président dans les provinces. (G. II, 24.)

celui qui la vendique, et c'est par l'*addictio* de ce magistrat que le vendiquant est investi de la propriété.

Ce mode de transmission, qui existait déjà à l'époque de la loi des Douze Tables (1), a été emprunté au premier système de procédure des Romains. Ce n'est que le simulacre de l'*actio sacramenti*, la plus ancienne et la plus caractéristique des *actions de la loi*. Comme dans la revendication par le *sacramentum*, celui qui vendique, saisissant l'objet, prononce ces paroles : *Hanc ego rem ex jure quiritium meam esse aio* (2) ; le magistrat demande alors au cédant s'il ne vendique pas de son côté, sur sa négation ou son silence, il n'y a pas lieu à renvoi devant un *judex* et le préteur déclare la chose appartenir à celui qui l'avait vendiquée.

14. La *cessio in jure* s'appliquait aux choses *man-*

(1) *Mancipationem et in jure cessionem lex duodecim tabularum confirmat.* (Vat. pag. § 50.)

(2) Dans l'origine le vendicant devait, en prononçant ces paroles, toucher l'objet avec une baguette qu'il tenait à la main (*vindicta*, *festuca*). Cette baguette représentait une lance qui était elle-même le symbole de la propriété chez ce peuple pour qui la guerre est le moyen d'acquérir par excellence (G. IV, 16) La *cessio in jure* survécut à l'*actio sacramenti*, mais le symbole disparut avec celle ci, et, au temps de Gaius, il ne reste que les paroles solennelles. (G. II, 24.)

Dans l'*actio sacramenti*, quand l'objet litigieux n'est pas susceptible de déplacement, il suffit d'apporter *in jus* un fragment de l'objet (*ex fundo gleba*, *ex ædibus tegula*), et sur ce fragment s'accomplissaient les formalités de la revendication (G. IV, 17). Il est probable qu'il en était de même pour la *cessio in jure*.

cipi aussi bien qu'aux choses *nec mancipi*; mais elle n'était pas d'un usage aussi fréquent que la mancipation, car il était inutile de recourir au préteur ou au président de la province pour faire, avec plus de difficulté, une aliénation qu'on pouvait faire par soi-même en présence de ses amis (G. II, 25). Cependant ce qui forçait dans bien des cas à employer la *cessio in jure*, c'est que ni la mancipation, ni la tradition (j'en dirai plus loin le motif), ne pouvaient s'appliquer aux choses incorporelles, à l'exception des servitudes rurales.

15. De même que la mancipation, la cession juridique n'avait point pour effet nécessaire de transférer la possession en transférant la propriété.

CHAPITRE IV.

De la tradition.

§ 1. *Idée générale de la tradition.*

16. J'arrive au dernier mode de transmission de la propriété, la tradition : c'est la transismisson volontaire de la possession d'une personne à une autre. Ce n'est plus ici à une solennité, mais c'est encore à un fait sensible, l'acquisition de la possession, qu'est attachée l'acquisition du droit de propriété. Je dois donc définir l'idée de possession.

17. Posséder une chose, c'est avoir cette chose en sa puissance ; voilà le sens vulgaire du mot. Ce n'est point encore le sens précis de ce terme en jurisprudence. Avoir une chose en son pouvoir peut n'être encore que la *détenir*. Il faut l'avoir en son pouvoir comme sienne pour la *posséder*. Il y a donc dans la possession un fait extérieur et un fait psychologique : le fait de la détention et l'intention de détenir la chose comme sienne, le *corpus* et l'*animus*, pour parler le langage des jurisconsultes romains.

Dans la tradition nous retrouvons ce double élément : 1° chez l'acquéreur, volonté de posséder, fait psychologique corrélatif à l'abdication de l'*animus* chez l'ancien possesseur ; 2° appréhension de la chose par l'acquéreur, fait matériel corrélatif à l'abandon du *corpus* chez l'ancien possesseur.

Si le second élément seul se rencontre dans la tradition, la possession n'est pas transmise, mais la simple détention. Si les deux éléments sont réunis, il y aura transmission de la possession et par suite de la propriété ; mais cette transmission de la propriété est un effet médiat qui peut ne pas accompagner le premier. — Ainsi il va de soi que la tradition ne transfère la propriété qu'autant qu'elle est faite par le propriétaire. Si le *tradens* n'a que la possession de la chose, il ne peut transmettre que la possession. — S'il n'a qu'une propriété démembrée, il transmettra cette propriété telle quelle, car nul ne peut transmettre plus de droits qu'il n'en a (l. 20 De acquir. rer. dom.).

18. Avant d'étudier la tradition dans son double élément, je dois faire observer qu'ici les parties peuvent se faire représenter. Ainsi il n'est pas nécessaire que ce soit le propriétaire lui-même qui exécute le fait matériel de la tradition ; elle peut être faite par une autre personne, du consentement du propriétaire (l. 9, § 4, De acquir. rer. dom.).— Il n'est pas même nécessaire, pour que la tradition transfère la propriété, que le consentement donné par le propriétaire soit un consentement formel et spécial; il suffit d'un consentement général et implicite. Ainsi lorsque j'ai chargé quelqu'un de l'administration de mes affaires *(libera administratio)*, je suis censé par là avoir donné un consentement général à toutes les ventes qu'il fera pour cette administration, et par conséquent la tradition qu'il fera des choses vendues étant faite de mon consentement, en transférera la propriété (l. 9, § 4, eod.).

19. De même il n'est pas nécessaire que celui à qui la tradition est faite reçoive la chose de ses propres mains. Je puis acquérir par le ministère d'une personne qui me représente, c'est-à-dire que je puis acquérir par le fait d'autrui, pourvu que ce fait concoure avec mon intention personnelle. Mais je n'acquiers par autrui que la possession. A la vérité

celle-ci me confère la propriété (*per procurationem placet acquiri possessionem et per hanc possessionem etiam dominium*). Mais le *dominium* n'a jamais été acquis à la personne par qui je possède. Ainsi lors même que la possession m'est acquise *per extraneam personam*, c'est par moi et non par d'autres que j'acquiers la propriété.

20. J'ai dit que le fait d'autrui ne nous fait acquérir la possession que lorsqu'il se joint à notre intention personnelle. Que signifient donc les textes qui disent que la possession nous est acquise même à notre insu, *etiam ignorantibus?* (1) Cela ne veut pas dire que si un étranger gérant mes affaires sans que je le sache, reçoit pour moi une chose, j'en acquiers la possession avant d'en avoir connaissance (2). Mais si c'est un procureur à qui j'ai moi-même donné mandat de recevoir, la possession m'est acquise du moment même qu'il reçoit la chose et non pas seulement du moment que je sais qu'il a reçu (3). Ma volonté conçue et donnée à l'avance

(1) Inst. liv. 2, t. 9, § 5. — L. 13 pr. D. de acquir. rer. dom.

(2) L. 42 § 1 D. de acquir. vel amitt poss. — Paul. sent. 5, 2, § 2.

(3) Jusqu'à Septime Sévère, ce point avait fait doute entre les jurisconsultes. C'est lui qui trancha la question et admit que la possession nous était acquise *etiam ignorantibus*. Mais bien avant il était reconnu qu'on pouvait acquérir la possession *par extraneam personam*; c'est ce qu'admettait déjà Labéon qui vivait sous Auguste. (L. 51 § 1 D. de acquir. vel amitt. poss.)

Mais on avait été plus sévère pour l'usucapion. Elle ne commence suffit pour qu'il y ait de ma part intention suffisante ; c'est en ce sens que la possession m'est acquise à mon insu, *etiam ignoranti*.

21. On s'est demandé si, pour que la possession me fût ainsi acquise, il fallait un mandat spécial ou si un mandat général suffisait. De même qu'un consentement général du propriétaire suffit pour que la tradition transfère la propriété, de même je pense qu'un mandat général suffit pour que la possession soit acquise au mandant.

22. Cette faculté de pouvoir se faire représenter dans la tradition constitue une différence remarquable avec les modes d'acquérir du *jus quiritium*.

En effet, d'après les principes de ce droit, chacun doit agir par soi-même dans les actes de la vie civile (1). Le rituel même des paroles que l'on pro-

que du moment où nous avons connaissance de l'acquisition de la possession. (L. 1 C. de acquir. et retin. poss. — L. 47 D. de usurp.)

(1) Ce principe n'est point en désaccord avec cet autre principe que nous acquérons non seulement par nous-mêmes, mais par ceux que nous avons en notre puissance (*Acquirimus non solum per nosmetipsos, sed etiam per eos quos in potestate habemus*, l. 10 D. de acquir. rer. dom.) — En effet l'esclave, par exemple, lorsqu'il acquiert, ne figure point pour le maître ; l'acquisition se réalise en sa personne même ; seulement comme il est lui-même la propriété du maître, par une conséquence logique, tout ce qui lui appartient appartient au maître : *Qui in potestate nostra est nihil suum habere potest* (G. II, 87). Ainsi quand j'acquiers par un esclave, ce n'est pas parce qu'il me représente, mais parce qu'il m'appartient ; j'acquiers par lui la propriété, tandis que, comme je le disais plus haut, lorsque dans la tradition j'acquiers par un étranger, je ne profite point quant à la propriété de l'acquisition faite par cet étranger ; je n'ac-

nonce, s'oppose à ce qu'un tiers puisse y figurer pour vous. Ainsi, dans la mancipation ou la cession juridique, un étranger ne peut pas venir dire pour moi : *Hanc ego rem meam esse aio.* Au contraire, dans la tradition, institution du droit des gens, la volonté des parties est dégagée de ces formes qui l'enchaînaient. Puisque la tradition est basée sur la possession, puisque posséder une chose c'est l'avoir en ma puissance comme mienne, sans doute il faut qu'il y ait un acte de volonté émanant de moi, mais on comprend que je puis avoir la chose en ma puissance sans la détenir par moi-même.

23. Je dois maintenant étudier la tradition : 1° quant au *corpus*, c'est-à-dire, quant au fait matériel de la prise de possession ; 2° quant à l'*animus*, c'est-à-dire, la volonté des parties.

§ 2. *Du fait matériel de la tradition — Quand est-elle accomplie ?*

24. En quoi consiste le fait de la tradition ? D'après une théorie que l'on trouve formulée au moyen âge dans l'école des glossateurs, et qui a longtemps

quiers par lui que la possession, c'est par moi que j'acquiers la propriété.

L'esclave ou le fils de famille pouvaient figurer dans une mancipation (G. II, 87 ; Ulp. reg. XIX, 18). — Mais ils ne pouvaient figurer dans une *cessio in jure* (G. II, 96).

prévalu (1), c'est dans le contact immédiat de notre corps avec l'objet. Partant de ce principe, tous les anciens auteurs qui ont écrit sur le droit romain ont été amenés à n'admettre que deux espèces d'*appréhension*, l'une consistant à saisir de la main les meubles, l'autre à mettre le pied sur les immeubles. Mais comme des textes nombreux reconnaissaient des traditions accomplies en dehors de contact matériel, on crut que les jurisconsultes romains avaient, dans ces différents cas, admis des fictions par lesquelles la tradition était censée opérée, et on distingue les traditions réelles et les traditions *feintes*, celles où la possession s'acquiert, non par le contact immédiat, mais par des actes corporels qui sont comme l'image d'une vraie prise de possession.

Subdivisant ensuite, les commentateurs avaient classifié les divers cas où ils voyaient des traditions feintes, et ils distinguaient la *tradition symbolique*, la *tradition longæ manus*, la *tradition brevis manus*, et la *tradition feinte* proprement dite.

Mais cette classification n'est point écrite dans les sources, pas plus que la distinction de la tradition réelle et de la tradition feinte. C'est là, il est vrai, une conséquence forcée de l'idée de contact matériel que les commentateurs ont donné pour

(1) V. Azon, Summ. in Cod. — De poss. 78. — Doneau, liv. 5, ch. 9.

base à la possession ; mais cette nécessité du contact matériel ne résulte non plus d'aucun texte (1). Je crois donc que les docteurs du moyen âge, dominés par les idées de leur siècle, ont été dans l'erreur en supposant, en cette matière, des actes symboliques comme ils en rencontraient dans le *jus quiritium*, comme ils en voyaient surtout dans le droit du moyen âge qui, plus encore que le monde romain, était le monde des symboles et des formes matérielles.

25. L'école moderne, abandonnant complétement cette théorie, a cru qu'aux yeux des Romains, le fait de l'appréhension consistait non point dans le contact matériel avec la chose, mais dans la possibilité physique d'agir immédiatement sur elle et d'en écarter toute action étrangère (2).

Peut-être, à son tour, s'est-elle laissée dominer par les idées spiritualistes de notre siècle. Il est cer-

(1) Il est dit au contraire : *Non etiam corpore et actu* (d'autres sent *tactu*, ce qui est encore plus concluant) *necesse est apprehendere possessionem, sed etiam oculis et affectu.* (Paul, l. 21 § 21 D. de acq. rer. dom.)

(2) V. M. de Savigny, traité de la poss. § XIV et suiv.

Ce n'est pas seulement en théorie qu'il importe de savoir s'il faut ou non admettre les traditions feintes. La question a aussi son côté pratique. En effet, comme il est de principe que les fictions doivent être restreintes aux cas pour lesquels elles sont faites, les jurisconsultes qui ont admis des traditions feintes ont été conduits à admettre des restrictions qui ne se trouvent nullement indiquées dans les sources (V. M. de Savigny, eod.).

tain, du moins, que ce principe ne se trouve pas dans les jurisconsultes romains dégagé d'une manière aussi pure. On trouve chez eux des décisions d'espèce plutôt que des règles précises et générales, et je ne sais si l'on doit voir dans ces décisions l'application d'un même principe bien arrêté dans leur esprit. Je crois cependant que des divers exemples de tradition qu'ils nous donnent on peut déduire une théorie, mais je ferais volontiers une légère modification à celle qui est aujourd'hui généralement admise; si, en effet, nous analysons toutes ces traditions, nous trouvons qu'elles ont pour caractère commun, non pas seulement la possibilité donnée à l'acquéreur d'agir sur l'objet, mais aussi quelque chose de plus sensible, un fait matériel qui est comme la manifestation de cette puissance transmise, fait très variable du reste, qui sera tantôt le contact manuel avec l'objet, tantôt l'entrée de l'acquéreur sur l'immeuble, tantôt un regard jeté sur la chose ou même sur ce qui la renferme, tantôt le dépôt de chose dans la maison de l'acquéreur (1).

C'est ce que nous allons remarquer en parcourant les divers textes où les commentateurs ont vu des traditions feintes, et en montrant en même temps qu'il n'est pas nécessaire de supposer des fictions.

(1) V. des exemples dans le titre de acquir. poss. Dig. et notamment dans les lois 3 § 1, 1 § 21, 18 § 2.

20. *Tradition longæ manus.* — On appelait tradition *longæ manus* celle qui est faite sans aucune préhension corporelle de la chose, qui consiste dans la seule montrée de cette chose. Il n'y a pas appréhension réelle, disait-on, mais fiction d'appréhension, parce que les yeux de celui à qui on fait la montrée de la chose font la fonction de ses pieds et de ses mains. (Pothier, Tr. de la Prop., n° 202). — Ainsi, on faisait rentrer dans cette fiction le cas où je vous livre un immeuble en vous le montrant du haut d'une tour (1), le cas où je vous livre, en vous les montrant, des meubles *qui propter magnitudinem ponderis moveri non possunt* (2), le cas où un débiteur dépose dev. .nt son créancier la somme qu'il lui doit (3). — Dans tous ces cas, je ne vois pas de fiction, mais simplement une tradition, une prise de possession s'exprimant par un fait maté-

(1) Si vicinum mihi fundum mercatum venditor in mea turre demonstret, vacuamque se tradere possessionem dicat : non minus possidere cœpi quam si pedem finibus intulissem. (L. 18 § 2 de acquir. poss.)

(2) L. 1 § 21, D. de acquir poss.— Si jusserim venditorem procuratori rem tradere, cum ea in præsentia sit, videri mihi traditam Priscus ait ; idemque esse si nummos debitorem jusserim alii dare. Non est enim corpore et actu necesse apprehendere possessionem sed etiam oculis et affectu ; et argumento esse eas res quæ propter magnitudinem ponderis moveri non possunt, ut columnas : nam pro traditas eas haberi si in re præsenti consenserint.

(3) Pecuniam quam mihi debes, aut aliam rem si in conspectu meo ponere te jubeam.... possessio adquiritur mihi et quodammodo manu longa tradita existimanda est. (Javol. l. 79 de solut.)

riel qui est ici le coup d'œil jeté sur la chose. Si Javolenus a employé le mot de *manus longa*, c'est que les anciens rapportant tous les sens au toucher, considéraient comme une longue main l'organe de vue qui saisit les objets plus loin que tout autre sens. Mais cela n'implique point l'idée de fiction.

27. *Tradition symbolique.* — On voyait une tradition symbolique dans la remise que je vous fais des clefs du magasin où sont les marchandises que je dois vous livrer (3). Mais pourquoi dire que les clefs sont le symbole qui représente la marchandise? En vous livrant les clefs, je mets les marchandises à votre dispositions ; et ici encore cette prise de possession se manifeste par un fait extérieur ; c'est encore un regard jeté sur la chose. Car remarquons que cette remise des clefs doit se faire *in re præsenti* (4). — Quelques auteurs tels que Brunemann, Tiraqueau, Pothier, contestaient dans notre ancien droit la nécessité de la *rei præsentia*. — Mais ces auteurs semblent cependant ne pas douter qu'elle ne fût nécessaire en droit romain : « *Dans notre droit*, dit Pothier (Tr. de la Prop., n° 199), je pense qu'en quelque lieu que les cléf aient été remises, pourvu

(3) L. 9 § 6, D. de acquir. rer. dom. — L. 74 D. de contrah. empt.

(4) Pro traditis eas haberi si in re præsenti consenserint; et vina tradita viderit, cum claves cellæ vinariæ emptori traditæ fuerint. (L. 1 § 21, D. de acq. poss.) — Possessio tradita videtur si claves apud horrea tradita sunt. (L. 74, D. de contrah. empt.)

que celui à qui elles sont remises sache où est le magasin, la tradition des marchandises qui y sont doit être censée faite. » — C'est qu'en effet, puisqu'on voyait dans les clefs un symbole, il était assez naturel qu'on n'eût pas besoin pour faire la remise de se transporter près de la chose. — D'autres auteurs, au contraire, pensaient que même dans notre droit la *præsentia rei* était nécessaire (1).

Tout ce que j'ai dit de la remise des clefs peut s'appliquer à la remise des titres (2), où l'on voyait aussi une tradition symbolique. Et, par cette remise de titres, je pense qu'il faut entendre non pas le titre en vertu duquel le vendeur cède sa propriété à l'acquéreur, mais les titres qui assurent la propriété entre les mains du vendeur et sont pour l'acquéreur une garantie que celui dont il achète lui transmet des droits certains.

28. Les commentateurs reconnaissaient encore des *traditions brevis manus* et des *traditions feintes* proprement dites. Mais elles avaient trait à un autre ordre d'idées. La fiction ne consisterait plus ici en ce que tel acte remplacerait et représenterait le

(1) Dumoulin, cout. de Paris, des fiefs, § 20, glose 5, n° 11. — Voët, ad Pand. l. 12, t. 1, n° 5. — Vinnius, § 44, Inst. II. — Merlin, Répert, v° *Tradition*.

(2) C'est l'espèce de la l. 1 C. de donat. — Emptionum mancipiorum instrumentis donatis, et traditis, et ipsorum mancipiorum donationem et traditionem factam intelligis.

contact matériel nécessaire à la tradition, mais en ce qu'une tradition en représenterait deux.

Il paraît y avoir en effet une fiction de ce genre dans l'espèce dont parle Ulpien (L. 15, D. de reb. cred.), lorsque j'ordonne à mon débiteur qui veut me payer de vous livrer la somme que je dois vous prêter. Car, dit Pothier, il est de l'essence du contrat de *mutuum* que la propriété de la somme que je vous prête passe de moi à vous ; il faut donc que mon débiteur qui vous compte cette somme m'en ait fait acquérir la propriété par une première tradition feinte qu'il m'en a faite pour me la payer, et qu'en ayant ainsi acquis le domaine, je vous en fasse la tradition par son ministère. Au lieu de faire passer la chose de main en main, on la transfère une fois pour toutes à la personne qui doit l'avoir en définitive. Mais on a eu tort de vouloir étendre cette fiction à des cas tout différents, comme le cas où le propriétaire de la chose l'a vendue à quelqu'un qui la détenait déjà (L. 77, D. de rei vind.), par exemple à titre de dépôt et de louage. En effet, à quoi bon supposer ici que ce dépositaire ou ce locataire m'a rendu la chose qu'il tenait pour moi et que je la lui ai livrée ensuite? Gaius (1) disait avec raison qu'ici la propriété est transmise sans

(1) Interdum etiam sine traditione nuda voluntas domini sufficit ad rem transferendam, veluti si rem quam commodavi aut locavi tibi, aut apud te deposui vendidero tibi. (L. 9 § 5 de acq. rer. dom.).

tradition, c'est-à-dire sans le fait matériel de l'appréhension. En effet, avons-nous dit, la possession s'acquiert par le *corpus* et l'*animus*. Or, l'acquéreur avait déjà le *corpus*; il devient donc possesseur dans le sens légal du mot et par suite propriétaire au moment où il a en outre l'*animus*. Ordinairement l'*animus* précède ou accompagne le *corpus*. Ici c'est le contraire, mais il n'y a pas de fiction.

20. Il n'en existait pas davantage dans celle qu'on appelait plus particulièrement *tradition feinte*, celle, disait Pothier, qui résulte de certaines clauses apposées au contrat de vente ou de donation, et desquelles il advenait que bien que le vendeur ou le donateur conservât la possession, l'acheteur ou le donataire était censé avoir reçu la chose et en était propriétaire. On voyait cette fiction dans tous les cas où il y avait clause de constitut (1), clause de rétention d'usufruit, de précaire, etc. Ainsi, quand je vous vends un immeuble, si nous convenons que je le garde à titre de locataire, on supposait que je vous fais tradition de l'immeuble pour vous en rendre propriétaire, que vous me le rendez ensuite pour que je le détienne à titre de locataire. Comme on le voit, c'est ici l'in-

(1) C'est une clause par laquelle le vendeur ou le donateur, en continuant de retenir par devers lui la chose vendue ou donnée, déclare qu'il entend désormais ne la tenir que pour et au nom de l'acheteur ou du donataire. — Le nom de *constitutum possessorium* ne se trouve pas dans les sources, mais on y trouve le principe.

verse de la fiction *brevis manus* dont je parlais plus haut, car celle-ci a pour effet de rendre le détenteur propriétaire, le constitut possessoire au contraire transforme en simple détenteur celui qui était propriétaire.

Mais ici encore à quoi bon cette double tradition ? Ce n'est ici qu'une espèce particulière de l'acquisition par autrui. Comme je l'ai dit, on peut acquérir par quelqu'un qui reçoit la chose en notre nom. Ici le rôle du *tradens* et du mandataire se trouvent réunis dans le même individu. Mais il n'y a pas de fiction

§ 3. *De l'animus ou du concours des volontés dans la tradition.*

30. J'ai maintenant à étudier la tradition dans son fait psychologique, c'est-à-dire à examiner quels caractères doit avoir l'*animus*, l'intention des parties, pour que la propriété soit transférée.

31. Il faut d'abord qu'il y ait chez le *tradens* intention de tranférer la propriété, et chez celui qui reçoit intention de l'acquérir. Ainsi il est évident que si je vous livre un objet dans l'intention de vous en transférer la propriété et que vous le receviez à titre de commodat, la tradition que je vous en ai faite ne vous a pas rendu propriétaire.

Cette intention ne pouvait être douteuse dans la

mancipation et la cession juridique; elle résultait du rituel même des paroles qu'il fallait prononcer. Il en est autrement dans la tradition, car de ce que je vous livre un objet ne résulte pas nécessairement la volonté de vous en transmettre la propriété (1). Aussi pour que cette intention soit certaine, a-t-on exigé que la tradition soit faite en vertu d'une *justa causa* (2).

32. La *justa causa* (que nous appelons en français *juste titre*) est un acte juridique qui fait nécessairement supposer dans l'esprit des parties, chez l'une l'intention d'aliéner, chez l'autre celle d'acquérir. Ainsi, la vente, la donation, l'échange, etc., sont des justes titres.

Mais le titre putatif suffirait-il pour que la tradition, qui est faite en vertu de ce titre, transfère la propriété? Ainsi, je trouve dans le testament de mon père, un legs en votre faveur; ignorant que ce legs a été révoqué par un codicille postérieur, je vous livre la chose léguée. En êtes-vous devenu propriétaire? — Oui, car il y a eu chez moi intention de vous transférer la propriété, chez vous intention de l'acquérir, et le juste titre n'est nécessaire que pour rendre certaine cette intention.

(1) Jul. l. 36 D. de acq. rer. dom. — Paul, l. 2 § 1 D. de oblig. et act. — Ulp. l. 18 D. de reb. cred.

(2) Nunquam nuda traditio transfert dominium, sed ita si traditio aut aliqua justa causa præcesserit, propter quam traditio sequeretur. (Paul, l. 31 de acq. rer. dom. — Ulp. reg. XIX, 7. — G. II, 20).

Seulement j'aurai contre vous la *condictio indebiti* (1).

33. Il faut non seulement qu'il y ait chez l'un volonté d'aliéner, chez l'autre volonté d'acquérir, il faut que ces deux volontés soient corrélatives (2). Ainsi la tradition que je fais ne transfère pas la propriété lorsque celui qui reçoit la chose est un autre que celui à qui je voulais la transférer. Les jurisconsultes romains appliquent ce principe au cas où dans l'intention de me donner une chose vous la donnez à mon *procurator*, qui la reçoit, non pour moi, mais pour lui. D'après la L. 37, § 6, de acq. rer. dom., la propriété ne sera transférée à aucun de nous : *Si procuratori meo rem tradideris, ut meam faceres, in hac mente acceperit ut suam faceret, nihil agetur.* — Cependant la l. 13, D. de donat. fr. Ulp., semble contredire ce principe, car elle regarde une pareille tradition comme suffisante pour en transférer la propriété : *Si procuratori meo hoc animo rem tradiderit ut mihi acquirat, ille*

(1) V. Pothier, de l'action condictio indeb n° 178. — Du droit de propriété, n° 230. — Doneau, liv. IV, ch. 16, § 9, et ch. 18, § 5.

Causa præcedens, dit Doneau, *requiritur solum ut hinc declaretur voluntas transferentis; dicendum est, quacumque alio modo constare poterit, voluisse quem rem suam transferre, etiam si vera causa non subesset; si tradiderit nihilominus transtulisse, semper enim manet voluntas, quam ratam haberi oportet.*

(2) Concurrat oportet affectus ex utraque parte contrahentium. (L. 55 de oblig. et act.)

quasi sibi acquisiturus, nihil agit in suâ persona, sed mihi acquirit.

Pothier (1) concilie ces textes en disant que sans doute la chose ne m'est pas acquise à mon insu (*etiam ignoranti*), au moment où mon homme d'affaires la reçoit, mais elle me sera acquise du moment où j'aurai connaissance de la tradition, où je la ratifierai; car, alors, ma volonté concourra avec celle du *tradens.*

34. Faut-il aussi que les deux volontés concourent par rapport à la *justa causa* de la tradition? Ainsi je vous livre une chose que je crois vous devoir ; vous la recevez croyant que je vous la donne. La propriété vous en est-elle acquise? Je pense que oui, et c'est ce que décident Julien et Gaius (2). — Ulpien semble d'un avis contraire (3).

On a essayé de les concilier en disant que la propriété est transmise, puisque les volontés de celui

(1) Pand. 41, 1 n° 56, note.

(2) Quum in corpus quidem quod traditur consentiamus, in causis vero dissentiamus, non animadverto cur inefficax sit traditio... Nam et si pecuniam numeratam tibi tradam donandi gratia, tu eam quasi creditam accipias, constat proprietatem ad te transire, nec impedimento esse quod circa causam dandi atque accipiendi dissentiamus. (Jul. l. 36 de acq. rer. dom.) — V. aussi Gaius (l. 3, § 1 de oblig. et act.)

(3) Si ego pecuniam tibi quasi donaturus dedero, tu quasi mutuam accipias, Julianus scribit donationem non esse; sed an sit mutuum videndum; et puto nec mutuum esse, magisque nummos accipientis non fieri, quam alia ratione acceperis. (Ulp. l. 18, D. de reb. cred.)

qui donne et de celui qui reçoit, quoique différentes d'ailleurs, se réunissent pour la translation de la propriété, mais que néanmoins cette propriété n'est pas transmise efficacement, parce qu'elle est transférée sans cause et que le *tradens* peut répéter par la *condictio sine causa* (1).

J'avoue que cette conciliationqui tend à plier Ulpien au sentiment des deux autres jurisconsultes, me paraît bien subtile, et j'aimerais mieux dire comme M. Bugnet, qu'ils n'étaient pas d'accord sur la translation de la propriété. *Constat proprietatem ad te transire*, dit Julien. — *Magisque nummos accipientis non fieri*, dit Ulpien.

35. En finissant d'étudier cette convention nécessaire pour que la tradition transfère la propriété, remarquons comme la volonté des parties est ici libre dans sa manifestation. Elle n'est plus obligée, comme dans les modes d'acquérir du jus quiritium, de se plier à des formes qui en gênent l'expansion. La tradition ne produit d'autre effet que celui que les parties ont voulu qu'elle produise. Une application remarquable de ce principe, c'est que dans la vente, la tradition ne transfère la propriété qu'autant que l'acheteur a payé le prix ou donné au vendeur toute autre satisfaction dont celui-ci se contente, par exemple, donné un gage ou un fidé-

(1) Doneau, liv. IV, ch. 18 § 9 et s. — Vinnius, quest. choisies, liv. 35. — Pothier, traité de la prop. § 238.

jusseur (1). Ce n'est que sous cette condition que le vendeur est censé avoir l'intention d'aliéner, puisqu'il ne vend que pour avoir le prix. Du reste, par cela même que tout dépend de la volonté du vendeur, il peut aliéner immédiatement sans autre garantie que la foi dans la solvabilité de l'acheteur; c'est ce qui a lieu lorsque la vente porte un terme; car, en accordant ce terme, le vendeur est censé avoir suivi la foi de l'acheteur : *fidem emptoris sequitur*. (Pomp. l. 19, D. de contrah. empt.).

36. J'ajoute que le consentement qui doit précéder la tradition, n'est valablement formé en matière de donation, qu'à des conditions spéciales. Sans ces conditions il n'y aurait pas convention et, par conséquent, la tradition ne transférerait pas la propriété. Dans l'origine rien ne distinguait la donation des autres actes translatifs de propriété, sous le rapport de la forme. On employait la mancipation, la cession juridique ou la tradition, suivant la nature des choses données. Plus tard, pour éviter des difficultés et même des fraudes trop fréquentes (Const. cod. 27 de donat.), on exigea que la volonté des parties fût exprimée avec plusieurs solennités qui garantissaient l'authenticité et la publicité des donations. Ces conditions étaient exigées, non pas seulement pour que la tradition faite

(1) *Si pretium solverit, vel alio modo satisfecerit.* (Inst. liv. 2 t. I, § 61. — Gaius, l. 53 D. cont. empt.)

en vertu du contrat transférât la propriété, mais pour la validité du contrat lui-même. Elles varièrent selon les époques et selon le genre de donations. Constantin (outre la tradition pour la translation de propriété) avait exigé un acte écrit, des témoins et l'insinuation, c'est-à-dire une transcription sur les registres du greffe, *apud acta judicis*.— Sous Justinien, il n'y a plus que la tradition et l'insinuation qui soient exigées, et encore, dans sa dernière législation, l'insinuation n'est exigée que pour les donations d'une certaine valeur (1), et même certaines donations en sont complétement dispensées, notamment les donations à cause de mort (2).

CHAPITRE V.

Développement successif de la tradition. Comment elle se substitue aux autres modes de transmission.

37. Après avoir étudié la tradition dans sa nature et dans ses effets, il me reste à l'étudier dans son histoire, et à montrer comment, petite d'abord, elle grandit successivement jusqu'à prendre la place des autres modes de transmission.

(1) Cinq cents solides. (L. 36 § 3, C. de donat.) — Si on dépasse cette somme, la donation est nulle seulement pour le surplus.

(2) L. 4, C. de donat. mortis causâ.

Son rôle fut modeste à l'origine. On a même contesté son existence comme moyen de transférer la propriété, lors de la rédaction de la loi des Douze-Tables. Mais nous avons constaté que dès cette époque existait la distinction des choses *mancipi* et *nec mancipi,* et il faut bien admettre la tradition comme mode de transmission pour les choses *nec mancipi* auxquelles, pendant longtemps, fut bornée son application. J'ajoute qu'à défaut de textes précis, la raison indique que les formalités de la mancipation ou de la cession juridique ne pouvaient s'appliquer à des choses d'un achat journalier et de minime importance.

38. Si c'était une chose *mancipi* qui avait fait l'objet d'une tradition, celui qui l'avait reçue en devenant possesseur ne devenait pas propriétaire ; mais il pouvait le devenir par la possession prolongée pendant un certain temps, c'est-à-dire par *usucapion.*

Plus tard, lorsqu'il fut permis d'avoir une chose *in bonis* sans en être propriétaire *ex jure quiritium,* la tradition eut encore pour effet de conférer sur les choses *mancipi* cette propriété naturelle que protégeait le droit honoraire. Alors aussi l'étranger put avoir ce genre de propriété, et pour lui le seul mode de transmission ce fut la tradition.

39. C'est ici le lieu de parler d'une controverse qui s'est élevée sur la relation qui existait entre le

jus quiritium et les choses *mancipi*. Ces choses sont-elles susceptibles du domaine *ex jure quiritium ?* Ou si ce domaine peut exister sur une chose *nec mancipi*, ne peut-elle du moins résulter que d'un mode du droit civil.

Il me paraît d'abord évident que le domaine quiritaire pouvait exister même sur une chose *nec mancipi*.

En effet, à l'époque où les Romains ne reconnaissaient que ce genre de propriété, il fallait bien qu'il s'appliquât à toutes choses. En outre, des textes de Gaïus et Ulpien (1) reconnaissent que du blé, du vin, choses *nec mancipi*, peuvent appartenir à quelqu'un *ex jure quiritium*. Enfin l'opinion contraire serait inconciliable avec les paroles de l'*in jure cessio* (2), qui, nous l'avons vu, s'appliquait aux choses *nec mancipi* comme aux choses *mancipi*.

Je pense aussi que le domaine quiritaire sur les choses *nec mancipi* pouvait s'acquérir par la tradition, mode du droit des gens. Ulpien, en effet, met sur la même ligne l'acquisition d'une chose *mancipi* par mancipation, d'une chose *nec mancipi* par tradition (3). Gaius parle en termes identiques de l'aliénation d'après le droit des gens, et de l'a-

(1) Gaius, com. II, 196. — Ulp. fr. XXIV, 7.

(2) Hanc ego rem *ex jure quiritium* meam esse aio.

(3) Ulp. fr. XIX, 2, 3, 7 et s.

liénation d'après le droit civil (1). Enfin si la chose *nec mancipi* n'appartenait pas immédiatement *ex jure quiritium* à celui qui l'aurait acquise par tradition, il faudrait qu'il la possédât le temps requis pour l'usucapion ; cela nous fournirait un nouvel effet de l'usucapion, dont il n'y aurait aucun exemple dans les textes (2).

Ainsi la tradition pouvait transférer le domaine romain d'une chose *nec mancipi*.

40. Les fonds provinciaux, nous l'avons vu, ne sont pas susceptibles de ce domaine ; par conséquent, ils ne sont pas susceptibles des modes d'acquisition du droit civil ; mais ils sont susceptibles de tradition, car nous savons que la tradition a pour effet immédiat de transférer la possession, et pour effet médiat de transférer la propriété ; et que cet effet secondaire de la tradition n'accompagne pas toujours le premier. Celui donc qui reçoit un fonds provincial ne pouvant en acquérir le domaine quiritaire, qui reste à César ou au peuple, en acquiert du moins la possession.

41. Tel était l'état des choses au temps de Gaius et d'Ulpien. La tradition s'est déjà singulièrement étendue, mais à côté d'elle existent encore la mancipation et la cession juridique. J'ai déjà dit que cette dernière s'appliquait seule aux chose incorpo-

(1) G. Inst. II, 65.
(2) M. Pellat. — Prop. et usuf, n° 32 et s.

relles. Je dois dire ici pourquoi la tradition ne pouvait s'y appliquer. C'est qu'elle repose sur la possession, fait matériel, dit M. Pellat, qui paraissait aux jurisconsultes romains ne pouvoir s'appliquer à un droit (1).

Mais la propriété n'est-elle pas aussi un droit, c'est-à-dire une chose incorporelle ? Dès lors est-elle plus que tout autre droit susceptible de tradition ? Ce n'est point le droit de propriété lui-même, mais la chose matérielle sur laquelle il porte qui est susceptible de tradition, or, dans le langage reçu, le droit de propriété et l'objet de ce droit ne font qu'un. Cette confusion de la langue a passé dans les idées des jurisconsultes ; on ne dit pas : *J'ai la propriété de cette chose*, mais *j'ai cette chose — hæc res mea est — hanc ego rem.... meam esse aio*. Cela tient à ce que le droit de propriété, le droit le plus entier qu'on puisse avoir, en attribuant au maître toute l'utilité de la chose, la lui rend tellement propre que le droit semble alors se confondre avec son objet (2).

(1) Possideri autem possunt quæ sunt corporalia. (Paul, l. 3, pr. D. de acquir. poss.) — Quia nec possideri intelligitur jus incorporale. (Paul, l. 4, § 27 D. de usurp.) — Res incorporales traditionem non recipere manifestum est. (L. 43, § 1, D. de acq. rer. dom. — Gaius, II, 18).

(2) Cette confusion, qui existe encore dans le langage, se retrouve aussi dans le Code Napoléon. En effet, l'art. 526 range parmi les immeubles par l'objet auquel ils s'appliquent (c'est à-dire parmi les

42. Ainsi, la possession s'applique au droit de propriété, parce que ce droit se confond avec son objet ; quant aux démembrements de la propriété, non seulement ils ne pouvaient être l'objet d'une tradition, mais ils ne pouvaient même être déduits dans une tradition. Ainsi, je ne pouvais pas en vous livrant la nue propriété d'un immeuble en retenir l'usufruit. L'usufruit ainsi retenu dans une tradition n'existait pas plus, selon le droit civil, que l'usufruit conféré par la tradition. J'ai dit plus haut qu'au contraire il pouvait être déduit dans la mancipation ; cela s'explique par cette idée romaine que les démembrements de la propriété étant des créations du *jus civile*, ne pouvaient s'acquérir que par un moyen du droit civil : *Civili actione constitui potest non traditione quæ juris gentium est* (Paul, Vat. fr. 47).

choses incorporelles), l'usufruit, les servitudes, mais non le droit de propriété lui-même. La propriété de l'immeuble se trouve confondue avec l'immeuble lui-même, et par conséquent qualifiée d'immeuble par nature (art. 517 et s.) — Mais notre Code a poussé la confusion plus loin encore que le droit romain en rangeant parmi les immeubles par l'objet auquel ils s'appliquent (art. 526) les actions qui tendent à revendiquer un immeuble. En effet ce n'est pas là un bien distinct de la propriété même de l'immeuble. Voilà donc qui fait double emploi avec les immeubles par nature (art. 518-521). Dès que le législateur, adoptant une expression peu philosophique mais conforme à l'usage, dit que le propriétaire d'un bâtiment a un immeuble par sa nature, il ne devait plus venir nous dire ensuite que la propriété du bâtiment ou soit l'action en revendication de ce bâtiment constitue pour lui un immeuble par son objet.

43. Néanmoins, la possession et par suite la tradition finit par s'appliquer même aux démembrements de la propriété. Ce fut là encore une innovation du droit prétorien. Mais comme il paraissait impropre aux jurisconsultes romains de dire possession d'un droit, tradition d'un droit, ils indiquaient cette impropriété par l'addition du mot *quasi* : *quasi-possession*, *quasi-tradition* (1).

Cette quasi-possession de l'usufruit, par exemple, était le fait qui correspondait au droit d'usufruit, comme la possession de la chose était le fait qui correspondait au droit de propriété sur la chose. La quasi-tradition d'un droit consistait donc dans l'exercice de ce droit par celui qui l'acquérait, et la tolérance de la part de celui qui le transmettait, dans l'*usus* et la *patientia*. Mais cette quasi-tradition ne produisait que des droits imparfaits, reconnus seulement par le droit prétorien : *Traditio plane et patientia servitutum inducet officium prætoris* (2). Le droit prétorien protégea cette *quasi juris possessio* d'abord par des interdits utiles (*interdicta veluti possessoria*), puis par une action publicienne (3).

44. Sous Justinien, il s'est accompli, ou plutôt il s'est achevé dans le droit une grande révolution.

(1) Ulp. l. 3 § 17, D. de vi. — L. 23 § 2, D. ex quib. caus. maj.
(2) Ulp. l. 1 § 2, D. de servit. præd. rustic.
(3) V. M. Pellat, prop. et usuf., nos 82 et s.

Les *édits des préteurs* et les *réponses des prudents* ont constitué un droit nouveau et progressif qui, après avoir miné si longtemps, tout en paraissant le respecter, le vieux droit des Quirites, essentiellement immobile et conservateur, a fini par le détruire. — Il n'y a plus de différence à faire entre les droits *jure constituta* et ceux *tuitione prætoris constituta*. — Plus de domaine quiritaire, de choses *mancipi*, de fonds italiques, d'une part, — de domaine bonitaire, de choses *nec mancipi*, de fonds provinciaux d'autre part.

Avec la propriété et les droits *ex jure quiritium* s'en vont les modes romains de transmission, la mancipation et la cession juridique qui n'ont plus de raison d'être, et dont les formes symboliques et les paroles sacramentelles répugnent aux mœurs du temps (1).

Désormais, par conséquent, non seulement la tradition transfère des droits complets, mais elle reste le seul mode de transmission de la propriété et de ses démembrements.

45. Mais la convention toute seule ne fut jamais assez puissante pour faire naître des droits réels. On a cependant soutenu que les servitudes et

(1) Juris formulæ occupatione syllabarum insidiantes cunctorum actibus, radicitus imputentur (C. 2, 38, 1).

In odium venerunt, disait déjà Gaius, en parlant des formalités des actions de la loi disparues de son temps (Com. IV, 30).

l'usufruit pouvaient être créés par le seul consentement. Je crois cette opinion inexacte. Il est vrai qu'un texte de Gaius, et un paragraphe des *Institutes* de Justinien, parlent de servitudes *pactionibus et stipulationibus constituta* (1), mais il faut bien entendre ces textes.

Le pacte est une simple convention non obligatoire d'après le droit civil, et qui servait seulement à déterminer les clauses intervenant entre les parties. La stipulation, au contraire, est un contrat verbal à l'aide duquel on sanctionnait le pacte en y ajoutant une clause pénale. C'est ce que dit positivement Théophile dans sa paraphrase des Institutes. Mais cette convention ne faisait naître qu'un droit personnel ; le fonds n'est pas grevé d'une charge réelle, mais le possesseur est obligé de souffrir que l'autre contractant exerce sur le fonds les mêmes actes qu'il aurait la faculté d'y faire s'il avait un droit réel. On oppose à cela l'expression *constituere usumfructum*, *constituere jus*, qui semble indiquer l'établissement d'un droit réel. Mais cette même expression est employée dans d'autres cas où incontestablement il ne peut y avoir lieu qu'à une action personnelle (2).

Je pense donc que le consentement, ni à l'épo-

(1) Gaius, com. II, 31. — Just. Inst. liv. 2, tit. 3 § 6.

(2) V. Gaius, com. II, 204.

que des jurisconsultes classiques, ni sous Justinien, ne suffisait pour établir des droits réels. Mais si l'action réelle n'était pas produite par la seule convention, nous savons qu'elle était produite par l'exercice du droit consenti, par la *quasi juris possessio*, action réelle, reconnue d'abord seulement par le droit prétorien, puis par le droit civil lui-même, lorsque la distinction du droit prétorien et du droit civil se fut effacée sous Justinien.

DEUXIÈME PARTIE.

ANCIEN DROIT FRANÇAIS.

---

46. Il y a trois grandes périodes dans l'histoire de nos institutions anciennes : la période franque, qui s'étend de l'invasion germaine (ve siècle) à l'organisation du système féodal (ixe siècle) ; — la période féodale, qui s'étend jusqu'au xiiie siècle; — les temps modernes. Nous allons rapidement examiner comment s'opérait, à ces trois époques, la transmission de la propriété.

CHAPITRE Ier.

Époque franque.

47. L'invasion germaine trouva la Gaule occupée par les Romains, soumise par conséquent aux

mêmes principes que les autres provinces de l'empire : nous savons comment le droit romain considérait le sol provincial. D'un autre côté, les Germains, avant la conquête, ne connaissaient pas la propriété individuelle des immeubles. « Nul parmi eux, dit César, n'a de champ déterminé, ni de terrain qui soit sa propriété, mais tous les ans les magistrats et les principaux distribuent des terres aux peuplades en tels lieux et quantités qu'ils jugent convenables et les obligent à passer ailleurs les années suivantes (1). » Cette absence de propriété individuelle tenait à la constitution guerrière des tribus ; on craignait que l'habitude de cultiver le même champ, en attachant l'homme à la terre, ne fît négliger les armes pour l'agriculture (2). Les meubles, c'est-à-dire les armes, les chevaux, les troupeaux, et peut-être aussi la chaumière d'habitation, étaient seuls l'objet d'une propriété individuelle.

C'est par leurs rapports avec les Romains, que les Germains connurent la propriété individuelle des immeubles. Certaines tribus, notamment les Francs saliens, aux IIIe et IVe siècles, obtinrent des Romains, en qualité de *lètes* ou alliés, des concessions de terres qualifiées de *terres létiques, agri*

(1) Cæsar, comm. VI, 22.

(2) Tacite, de more Germ. 14, 15, 25, 26.

limitanei, sous la double condition de culture du sol et du service des armes pour la défense de l'empire. Ces terres étaient possédées individuellement. Au ve siècle, les Francs s'établissent dans la Gaule, non plus comme alliés, mais comme conquérants, et se partagent le sol, fruit de la victoire. Tout le monde convient qu'à cette époque la *terre salique*, dans la loi des Francs saliens, l'*aleu*, dans la loi des Ripuaires, les *sortes*, dans la loi des Burgundes, constituaient des propriétés privées, quelle que soit d'ailleurs l'explication qu'il faut donner de ces mots.

48. La propriété immobilière une fois individualisée put se transmettre par la tradition, mais cette tradition prit une foule très-variée de formes symboliques : *Per ramum, per festucam, per cespitem.* Cette branche, cette paille, cette motte de terre était le symbole qui représentait l'immeuble. La tradition se faisait devant la tribu, *in mallo*, *in placito*. Le *mallus* était l'assemblée de canton, division territoriale de la Gaule franque, assemblée composée de tous les hommes libres du canton et présidée par le *comes*, chef de canton pendant la guerre, juge pendant la paix.

La tradition faite sans ces solennités ne transmettait pas la propriété. Aussi quand on traitait en dehors du *mallus*, faisait-on donner au vendeur caution de parfaire l'investiture devant le comte.

La loi ripuaire exige même en ce cas que la tradition soit faite, selon l'importance de l'immeuble, en présence de trois, six ou douze témoins et autant d'enfants. Le prix est payé et la possession prise devant tous. De plus, on donne des soufflets aux enfants et on leur tire les oreilles, pour qu'ils puissent plus tard se ressouvenir et rendre témoignage devant l'assemblée du canton (1).

49. Ce qui caractérise la transmission à l'époque franque, c'est son caractère symbolique et la présence de la tribu.

Ce caractère symbolique s'explique tout à la fois par la nécessité d'une tradition matérielle et sensible chez un peuple primitif, et par l'obligation de faire cette tradition devant l'assemblée du canton. — Quant à cette obligation, elle vient sans doute de ce que les immeubles ayant été autrefois la propriété collective de la tribu, on regarda comme nécessaire que la tribu intervînt pour se dessaisir de son droit au profit des individus. L'habitude fit le reste et probablement aussi l'avantage qu'on trouvait dans la présence de la tribu, de constater d'une manière facile et sûre l'aliénation de la propriété.

Cette transmission *in mallo* ne s'appliquait

(1) Et unicuique de parvulis alapas donet et torqueat auriculos, ut ei in postmodum testimonium præbeant. (L. rip. tit. 60.)

qu'à la propriété immobilière. Les meubles, avant comme après la conquête, se transmettaient par tradition.

CHAPITRE II.

Époque féodale.

50. La théorie des transmissions s'est mise en harmonie avec la hiérarchie des personnes et des terres qui caractérise la nouvelle organisation sociale.

La France s'est couverte de *fiefs* et de *censives*. —Les fiefs, terres nobles, qui ont leur origine dans les bénéfices, c'est-à-dire les concessions de terres faites par les rois francs à leurs *antrustions* (fidèles), et par les grands eux-mêmes (les *seniores*, plus tard *seigneurs*) à l'imitation des rois ; — bénéfices d'abord viagers, puis héréditaires qui, arrivés à leur dernière forme, vers le xe siècle, prennent le nom de fiefs. — Les *censives*, terres roturières qui ont leur origine surtout dans la pratique de la *recommandation*, abdication que fait le petit propriétaire entre les mains du puissant, pour se placer sous une protection devenue nécessaire à une époque de décadence et de dissolution. Il reste encore quelques *alleux* ou terres libres qui ne sont pas engagées dans la mouvance féodale, mais c'est l'exception.

51. La transmission de la propriété se fait toujours sous forme de tradition symbolique, mais ce n'est plus en présence de l'assemblée du canton, c'est devant le seigneur, celui de qui relève la terre dont on veut transférer la propriété. C'est lui, en effet, qui a le domaine *éminent*, le domaine *direct* pour parler le langage des feudistes ; c'est lui, par conséquent, qui doit investir le nouveau propriétaire.

Point de saisine en fief, sans investiture et sans foi (1). *Point de saisine en sensive, sans vest et devest par le seigneur* (2). Les coutumiers parlent rarement des alleux, parce qu'ils étaient un cas rare et exceptionnel dans la France féodale ; et il est difficile de déterminer d'une manière générale comment s'opérait leur transmission, mais du moins voyons-nous, qu'en certains pays, vers la fin de l'époque féodale, il fallait que le nouveau propriétaire fût investi de la propriété par le juge ordinaire qui, ici, remplaçait le seigneur : *Point de saisine en alleux, sans ensaisinement par le juge ordinaire* (cout. de Paris, art. 132).

52. Quant à la forme de l'ensaisinement, il n'y

(1) Grand-coutumier, liv. 2, ch. 27.

(2) *Id.* ch. 21.

en a nulle part d'explication plus complète et plus intéressante que dans le coutumier d'Artois. On y voit que le vendeur rapporte l'héritage entre les mains du seigneur par *raim et baston*, c'est-à-dire par une branche qui en est le symbole : les héritiers présomptifs sont aussi présents et renoncent aux droits qui peuvent leur échoir. — Puis le seigneur après avoir pris l'avis de ses hommes ou juges, saisit l'acheteur en lui disant : *Je vous en saisis, sauf tous droits ;* et lui met dans les mains le bâton, c'est-à dire le symbole de l'héritage (1).

Constatons encore une formalité qui est un véritable progrès, que nous trouvons en vigueur à la fin de l'époque féodale et qui est l'origine de notre transcription moderne. La vente accomplie avec les formalités dont nous avons parlé, on en dressait acte sur un registre qui restait déposé au greffe de la justice seigneuriale, et que tout le monde pouvait consulter (2). Si l'ensaisinement n'avait pas eu lieu et s'il n'avait pas été enregistré, Dumoulin nous dit

(1) Coutumier d'Artois, ch. 21, §§ 5, 12.
V. Klimrath, Études historiques. — Saisine.
Le manuscrit du coutumier d'Artois (biblioth. imp.) contient une figure qui représente le juge assis sur son siége et tenant en sa main droite un bâton dont l'acheteur, à genoux devant lui, tient de la main gauche l'autre bout. Derrière l'acheteur et en face du juge, sont quatre hommes qui représentent, sans doute, le vendeur et les hommes ou jugeurs.

(2) V. Dumoulin sur Paris, art. 1er, glose 1re, nos 29 et 30.

que la propriété n'était pas considérée comme transférée.

53. Nous verrons que toutes ces formalités rigoureuses, mais qui assuraient si bien la certitude et la conservation des droits réels, ne se maintiennent que dans quelques pays du nord, dans les coutumes dites de *saisine et de nantissement*. Parmi les causes de ce changement, il faut placer en première ligne le dépérissement du système féodal, les fiefs et les censives se patrimonialisant de plus en plus — la renaissance du droit romain et son application à la pratique.

Je n'ai pas besoin d'ajouter que ces formalités ne s'appliquaient pas aux meubles qui se transmettaient par tradition.

CHAPITRE III.

Temps modernes.

54. Dans la France des temps modernes, nous trouvons d'une part les pays de tradition; d'autre part les pays de nantissement.

§ 1. *Pays de tradition.*

55. Les pays de tradition ont adopté le droit romain, non pas tel qu'il est dans les sources, mais

tel que l'ont fait les commentateurs du moyen-âge avec leur théorie de traditions feintes. — La pratique moderne le défigura encore plus, en spiritualisant de plus en plus la tradition.

Nous avons dit en parlant du droit romain qu'il y avait, d'après les idées des commentateurs, une tradition feinte qui résultait de certaines clauses apposées au contrat de vente ou de donation, telles que la clause de constitut, celle de rétention d'usufruit, de précaire, la clause par laquelle le vendeur prend à ferme ou à loyer de l'acheteur. On fit de ces clauses un moyen d'échapper aux formalités de la tradition (1). Mais on ne s'arrêta pas là. Diverses coutumes admirent que la simple clause de *dessaisine-saisine* par laquelle le vendeur déclare qu'il se dessaisit de l'héritage et qu'il en saisit l'acheteur ou donataire, lorsqu'elle est dans un acte passé devant notaire, est censée renfermer une tradition feinte qui équivaut à la tradition réelle (2).

Mais, pour que la tradition feinte résulte de cette clause, il faut trois choses : 1° que cette clause soit interposée dans un acte notarié ; 2° que le vendeur ou donateur qui déclare ainsi se dessaisir de la

(1) V. Pothier, traité de la propriété, § 212.

(2) Cout. d'Orléans, art. 278 : Dessaisines et saisines faites par devant notaire de cour laie de la chose aliénée valent et équipollent à tradition de fait et possession prinse de la chose, sans qu'il soit requis autre appréhension.

chose, soit lors de l'acte en possession réelle de cette chose; 3° que depuis l'acte le vendeur ou donateur ne soit plus demeuré en possession de l'héritage et qu'il l'ait laissé vacant, de manière que l'acheteur ou donateur eût faculté de s'en mettre en possession quand bon lui semblerait (1).

Cette clause de dessaisine-saisine était devenue de style. « Parmi nous, dit Argou, on met toujours une clause dans les contrats de vente par laquelle le vendeur se dépouille et se démet de la propriété et de la possession de la chose vendue pour en saisir l'acquéreur. Dès le moment que le contrat est parfait et accompli, tous les droits qui appartiennent au vendeur passent en la personne de l'acquéreur, de sorte que si le vendeur était propriétaire, l'acquéreur devient aussi propriétaire. »

56. Ainsi en 89, on était venu au point que tout en conservant comme principe l'idée que la propriété ne se transmet que par la tradition, il était permis aux parties de la transférer, quand il leur plaisait, par la seule force du consentement. En outre, si la nécessité de la tradition est conservée comme principe dans la législation positive, elle est attaquée au point de vue du droit naturel par les jurisconsultes philosophes (2).

(1) Pothier, propriété, 213.

(2) Puffendorf, du droit de la nature et des gens, liv. IV, ch. IX § 8.

Grotius, de jure belli et pacis; ut vero traditio etiam requiratus

Pour eux la propriété n'étant qu'un droit, une chose purement intellectuelle, doit pouvoir se transmettre par la pensée sans aucun acte sensible.

57. Les aliénations à titre gratuit ont presque toujours été vues avec méfiance et entourées de formalités plus rigoureuses. Aussi, dans notre ancien droit, il fallait quelque chose de plus que cette sorte de tradition par la clause de dessaisine, non pas précisément pour la translation de la propriété, mais pour la validité même du contrat de donation, du moins à l'égard des tiers ; il fallait notamment l'insinuation exigée aussi bien pour les donations translatives de propriété que pour les donations simplement productives d'obligations.

J'ai dit quelques mots de l'insinuation en droit romain. Après la chute de l'Empire, elle demeura en vigueur en Occident. Il y en a de nombeux exemples dans les actes des ve au IXe siècles (1). Il est permis de croire cependant que, lorsque le formalisme du droit féodal eût imposé à la donation la nécessité d'une tradition réelle, l'insinuation tomba en désuétude, sinon d'une manière générale, du moins en beaucoup de lieux (2). On y revint quand

ex lege civili est. Quæ quia a multis gentibus recepta est, jus gentium improprie dicitur.... L. 2, ch. 6, § 1, art. 2.

(1) V. M. de Savigny, hist. du dr. romain du moyen-âge, ch. 4, § 45.

(2) Merlin, Répert. v° Don manuel, col. 2, alin. 4.
Ducange, v° Insinuatio.

s'introduisit l'usage des traditions feintes, si favorables au secret des donations. C'est l'ordonnance de François Ier de 1539 qui la rétablit dans notre droit; puis vint l'ordonnance de Moulins, art. 38, et enfin, l'ordonnance de 1731 qui la régla d'une manière definitive. Du reste, les pays de nantissement qui avaient conservé l'antique usage d'une tradition solennelle furent affranchis de l'insinuation (art. 33 de l'ordonnance de 1731).

L'insinuation n'ayant été requise par les ordonnances que pour rendre publiques les donations et afin de ne pas induire en erreur ceux qui, par la suite, contracteraient avec le donateur; il s'ensuivait que par une dérogation au droit romain introduite par l'art. 50 de l'ordonnance de Moulins; le défaut d'insinuation ne pouvait être opposé par le donateur, puisque ce n'était pas par rapport à lui qu'elle était ordonnée. Mais non seulement les créanciers, les acquéreurs à titre onéreux, les donataires postérieurs, les légataires pouvaient s'en prévaloir, mais encore les héritiers du donateur eux-mêmes, ce que l'intérêt public avait fait admettre de crainte que le défaut de connaissance des donations ne les engageât à accepter une succession dans laquelle ils croiraient être compris des biens qui en étaient sortis.

58. La transmission des meubles s'opère toujours par la tradition; mais celle-ci ne peut pas, comme

pour les immeubles, être suppléée par une clause de dessaisine. « En matière de meubles, dit Argou, l'acquéreur n'a qu'une action personnelle contre le vendeur pour l'obliger à lui livrer la chose vendue, le simple contrat ne donnant pas la propriété à l'acquéreur, s'il n'est suivi d'une tradition réelle.»

§ 2. *Pays de nantissement.*

59. Les formalités de la transmission féodale se conservèrent dans les pays du Nord de la France, dans les coutumes dites de *nantissement* (1).

Il y avait du reste de grandes variétés dans ces coutumes, soit quant aux formes du nantissement (qu'on désignait sous le nom de *devoirs* ou *œuvres de loi*), soit quant à la nature des biens qui y étaient soumis.

60. Quant à la forme, 1° il y avait des coutumes comme celle de Vermandois (art. 126) et de Reims (art. 165), qui avaient conservé, en la simplifiant un peu, l'ancienne forme symbolique. Le vendeur et l'acheteur devaient comparaître devant les officiers de la seigneurie dont relevait le bien ; le vendeur mettait entre les mains du juge un bâton, sym-

(1) Étaient coutumes de nantissement : Boulonnais, Amiens, Péronne, Vermandois, Saint-Quentin, Senlis, Rheims, Chauny, etc., et toutes les coutumes des Pays-Bas.

bole de l'héritage, et le juge le mettait à son tour entre les mains de l'acheteur.

2° Dans d'autres coutumes, telles que celle de Péronne (art. 264), la forme symbolique de l'héritage avait disparu, et il suffisait d'une reconnaissance devant le juge compétent.

Mais ces actes de nantissement, symboliques ou non, devaient ensuite être enregistrés au greffe des juges qui les avaient reçus.

3° Il y avait enfin des coutumes où cet enregistrement n'avait pas lieu (coutumes de Hainaut, de Cambrésis, de Valenciennes). Dans ces coutumes, l'accomplissement des formalités du nantissement pouvait être prouvé par des records (1).

61. Quant à la nature des biens soumis au nantissement, quelques coutumes (Péronne, Vermandois, etc.), ne l'exigeaient que pour les biens compris dans la mouvance féodale. Ces coutumes déclarent qu'*en franc alleu il n'y a pas nécessité de recourir aux devoirs de loi.*

La coutume de Hainaut, au contraire, exigeait pour les alleux comme pour les fiefs, l'accomplissement des devoirs de loi (ch. CVI, art. 2), et cette disposition de la Coutume du Hainaut fut étendue

(1) Record de loi (*recordere*), rédaction par écrit qui se fait en justice d'un acte quelconque, sur la déposition des officiers publics en présence desquels il a été passé.

à toutes les Flandres par plusieurs placards des princes de la maison d'Autriche (1). En matière d'alleux, le nantissement, au lieu de s'opérer devant le bailli et les hommes de fief, s'opérait devant des francs alloëtiers.

62. Si maintenant nous nous demandons quelle était la raison d'être du nantissement dans les pays de ce nom, la réponse sera que ces pays avaient été pénétrés davantage par la féodalité et que le droit romain exerça beaucoup moins d'influence dans la partie septentrionale de la France.

Mais on se tromperait si l'on voyait la cause du nantissement uniquement dans la persistance des idées féodales. En effet, les esprits s'étaient habitués à considérer ces formalités comme ayant pour effet, sinon pour but premier, de constater l'existence et d'assurer la conservation des droits réels. L'idée de publicité, depuis développée par les économistes, commence à se faire jour. Nous en trouvons la preuve et dans cet enregistrement des devoirs de loi écrits sur un registre tenu à la disposition du public, et dans l'application de ces formalités à la transmission des alleux eux-mêmes dans certaines coutumes. Nous la trouvons enfin dans

(1) Placàrd de Charles-Quint, du 10 février 1538; de Philippe II, du 6 décembre 1536; édit perpétuel des archiducs, du 12 juillet 1611.

les placards de Charles-Quint et de Philippe II, qui, en exigeant le nantissement même pour les alleux, déclarent que c'est pour empêcher les fraudes et les stellionats.

TROISIÈME PARTIE.

DROIT ACTUEL.

CHAPITRE Ier.

Idée générale de la transmission de la propriété dans le droit actuel.

63. Voici donc comment est réglée la transmission de la propriété au moment où éclate la révolution française.

La transmission des meubles se fait partout par tradition; la transmission des immeubles s'opère ou peut s'opérer dans la plus grande partie de la France par une clause insérée dans un acte authentique, à laquelle l'on a conservé le nom de tradition feinte,—dans les pays du Nord, par le nantissement.

64. Avant de suivre pas à pas la théorie de la transmission dans notre droit actuel et d'étudier chaque monument législatif qui s'y rapporte, il est bon d'énoncer les innovations que nous allons rencontrer et de mettre d'abord en lumière les principes de la matière.

Nous verrons le législateur achevant la révolution dont nous avons constaté la marche dans la pratique des pays de tradition, et peut-être aussi sous l'influence des principes formulés par Grotius et Puffendorf, regarder comme inutile la mention de cette clause de dessaisine-saisine qui était devenue de style, et supprimer même la nécessité de l'acte notarié. La conséquence est que désormais la propriété sera transférée par le seul effet de la convention.

Nous le verrons d'un autre côté cherchant à faire une place dans la loi à cet autre principe de publicité qui garantit l'intérêt des tiers et qu'il trouve si fortement organisée dans les pays de nantissement. Nous suivrons dans ses diverses phases la lutte de ces deux principes. Disons seulement ici que ni l'un ni l'autre n'obtiennent un triomphe absolu, et que le résultat est la distinction de la propriété transmise entre les parties par la convention et de la propriété transmise à l'égard des tiers. Précisons bien ici cette distinction souvent attaquée, vivement défendue, mais quelquefois mal comprise.

65. Ne semble-t-il pas d'abord que si la convention ne donne pas à l'acquéreur le droit de se faire considérer comme propriétaire par tout le monde, c'est qu'elle ne lui transfère pas le droit de propriété ? Dire que l'on devient propriétaire par la convention et ajouter *à l'égard du vendeur*, n'est-ce pas quelque chose de contradictoire, n'est-ce pas dénaturer le sens des mots de propriété et de droit réel, sans rien changer à la nature de ce droit ni même ajouter à la force de l'obligation qui lie le vendeur envers l'acheteur? Et ne serait-il pas dès lors plus simple et plus vrai de dire qu'il n'y a qu'un droit personnel de créé par la convention?

Cela pourtant ne serait pas exact. C'est bien un droit réel qui est transmis, et ce droit est opposable, non pas seulement au vendeur (et à ses héritiers tenus de ses obligations), mais à d'autres personnes. Il y a seulement une certaine classe de tiers qui pourront considérer la propriété comme n'ayant pas été transmise, comme étant restée sur la tête du vendeur. Ces tiers, comme nous le verrons en étudiant la loi de Brumaire an VII et la loi de 1855, sont ceux qui ont traité avec le vendeur et à qui celui-ci a conféré des droits réels sur l'immeuble.

Mais à l'égard de tous autres, la propriété est transmise.

Il en résulte : 1° que les créanciers chirographaires du vendeur ne pourront pas considérer l'immeuble comme étant resté dans le patrimoine de celui-ci, et par conséquent le saisir et le faire vendre au préjudice de l'acquéreur (1);

2° Que l'acheteur peut revendiquer en son nom contre les *prædones*, détenteurs de mauvaise foi, possesseurs sans titre, sans avoir besoin d'agir au nom de son vendeur, c'est-à-dire d'exercer contre eux l'action de l'art. 1166;

3° Que par un mutuel dissentiment les contractants ne peuvent nuire aux droits réels, et notamment aux hypothèques générales qui, après la convention, auraient frappé l'immeuble du chef de l'acheteur (2).

66. J'ai constaté la portée de cette distinction

(1) Nous verrons qu'en matière de donations, quelques auteurs sont d'avis que les créanciers chirographaires peuvent opposer le défaut de transcription, c'est-à-dire considérer l'immeuble comme n'étant pas sorti à leur égard du patrimoine du donateur. Même dans cette opinion il serait encore vrai de dire que la seule donation a eu pour effet de transmettre un droit réel, et les deux dernières conséquences que nous signalons subsisteraient encore. Il y aurait toujours deux classes de tiers : ceux à l'égard desquels la propriété est transmise, ceux à l'égard desquels elle ne l'est pas ; seulement la limite entre ces deux classes de tiers serait déplacée.

(2) Ces hypothèques seraient opposables au vendeur ; mais il va sans dire qu'elles ne le seraient pas à ceux qui auraient acquis du vendeur des droits réels sur l'immeuble.

de propriété relative et propriété absolue, propriété transmise *inter partes* et non transmise à l'égard des tiers. Il me serait plus difficile d'en justifier le mérite. Cette distinction est toute nouvelle dans nos lois. Elle n'existait ni dans le droit romain, ni dans notre droit ancien, et il me semble qu'aujourd'hui encore il serait beaucoup plus logique de faire dépendre du même acte la transmission à l'égard de tout le monde, y compris le vendeur. La distinction moderne, contraire à la nature des choses, a le tort d'obscurcir l'idée si claire de propriété et de droits réels et n'est qu'une conciliation malheureuse entre les deux principes dont je parlais plus haut. Il est vrai que si on l'effaçait, se présenterait cette grave question, si fortement débattue lors de la rédaction du Code civil et depuis : Peut-on faire dépendre de la seule convention la translation de la propriété ? Doit-on, au contraire, la faire dépendre d'un fait extérieur tel que la transcription ? Mais cette question semble aujourd'hui mûrie par l'expérience et par la discussion. Pour n'en parler qu'au point de vue des principes, vouloir que la seule volonté transmette un droit réel, comme elle crée un droit personnel, c'est méconnaître la profonde différence qui sépare ces deux classes de droits. Que le droit personnel, droit purement relatif, rapport d'individu à individu, soit créé par la seule volonté, rien de plus naturel assurément dans un pays et à une époque qui n'a plus besoin du matérialisme des formes. Mais que les droits réels, rapport des personnes aux choses, dont le caractère est d'être absolus et opposables à tous, droits que non seulement la société a intérêt à connaître, mais qui n'existent qu'à condition qu'elle les reconnaît et les garantit, puissent être transmis à son insu et d'une manière occulte; c'est ce qui paraît moins juste. Je crois donc qu'il faudrait exiger la transcription pour la translation de la propriété.

67. J'ai maintenant à examiner en détail comment à été réglée la transmission de la propriété dans le droit actuel, et pour cela à étudier les quatre monuments législatifs qui s'y rapportent : la loi de brumaire an VII, le Code Napoléon, l'art. 834 du Code de procédure et la loi du 23 mars 1855. — Deux seulement sont encore debout, le Code Napoléon et la loi de 1855, mais il faut aussi examiner les deux autres pour comprendre la marche qu'ont suivie les idées.

CHAPITRE II.

Loi du 11 brumaire an VII.

68. La révolution, trouvant le nantissement usité dans les pays du nord, sut parfaitement y dis-

tinguer deux choses : la formalité féodale du *vest et devest*, qu'elle abolit, et la publicité des contrats translatifs de propriété et constitutifs de droits réels qu'elle maintint sous le nom de *transcription*, en remplaçant par les tribunaux de district les justices féodales où s'accomplissait le nantissement (loi des 20 et 27 septembre 1790). — Quant aux pays de tradition, ils restaient soumis à leurs anciennes règles. Cet état de choses subsista jusqu'à la loi du 11 brumaire an VII.

69. Cette loi était une loi hypothécaire et ce n'est qu'accessoirement qu'elle eut à s'occuper de la transmission de la propriété ; mais elle dut le faire pour la mettre en harmonie avec un des principes qu'elle donnait pour base du système hypothécaire, la publicité. Exiger la publicité des hypothèques n'eût été qu'une mesure incomplète, si on n'exigeait la publicité des aliénations ; car s'il est utile au créancier à qui l'on donne un immeuble en garantie de savoir si cet immeuble est frappé d'hypothèques qui diminuent sa valeur, il lui est encore plus utile de savoir s'il appartient encore à son débiteur. Aussi l'art. 26 de la loi de brumaire exigea la transcription des actes d'aliénations, mais seulement dans l'intérêt des tiers qui auraient contracté avec le vendeur (1). Nous voyons donc ap-

(1) Art. 26. Les actes translatifs de biens et droits susceptibles d'hypothèques doivent être transcrits sur les registres du bureau de

paraître dans cet art. 26 la distinction que je signalais plus haut. Il en résulte que vis-à-vis des tiers qui ont contracté entre le vendeur (ceux à qui celui-ci aurait fait une seconde vente ou concédé des droits réels) la propriété n'est transférée que par la transcription. Mais vis-à-vis de tous autres et entre les parties, la transmission reste réglée comme elle l'était auparavant. Dès lors il me semble que sous la loi de brumaire, il fallait distinguer trois choses dans les anciens pays de tradition : 1° un droit personnel résultant de la convention pure ; 2° une propriété relative *inter partes*, résultant de la clause de dessaisine dans l'acte authentique ; 3° une propriété absolue résultant de la transcription.

Conséquences bizarres qui proviennent de ce qu'on organisait un système de publicité des hypothèques, avant d'avoir organisé un système général de publicité des droits réels,— de ce que l'on bâtissait le fragment d'un édifice avant d'en avoir fait le plan général.

la conservation des hypothèques dans l'arrondissement duquel les biens sont situés. Jusque-là, ils ne peuvent être opposés aux tiers qui auraient contracté avec le vendeur et qui se seraient conformés aux dispositions de la présente.

CHAPITRE III.

Code Napoléon. — Des points sur lesquels la législation du Code est encore en vigueur.

70. Lors de la rédaction du Code Napoléon, quand il s'agit de régler la transmission de la propriété, divers systèmes étaient en présence. Chacun d'eux eut ses partisans et aucun n'eut une victoire complète. Aussi, le système admis par le Code n'est-il pas un système radical, pas même éclectique ; car il manque d'unité. Quoi qu'il en soit, nous y retrouvons cette distinction, dont nous avons vu la trace dans la loi de brumaire, de transmission *inter partes* et transmission à l'égard des tiers.

Je vais donc étudier successivement : 1° comment s'opère la transmission entre les parties ; 2° comment elle s'opère à l'égard des tiers, — qu'il s'agisse de meubles ou d'immeubles, — d'aliénations à titre gratuit ou à titre onéreux.

Les aliénations de biens mobiliers à titre onéreux ou gratuit, et les aliénations d'immeubles à titre gratuit, sont aujourd'hui encore régies par le Code civil. Quant aux aliénations d'immeubles à titre onéreux, elles ont été l'objet de la loi de 1855 que j'examinerai en dernier lieu.

§ 1. *Transmission entre les parties.*

71. Nous savons qu'au moment de la rédaction du Code, la clause de dessaisine était devenue de style. Il sera plus simple de la sous-entendre. Continuera-t-on du moins d'exiger un acte authentique pour considérer la tradition comme faite ? Mais c'était surtout dans l'intérêt des tiers qu'on l'exigeait ; puisqu'il ne s'agit maintenant que de la transmission entre les parties, l'acte authentique ne sera plus nécessaire. Voilà comment les rédacteurs du Code sont arrivés à ce principe que la convention seule transfère la propriété. Toute convention sera censée contenir cette tradition feinte qui déjà, dans l'ancien droit, résultait de la volonté expresse des parties. — L'art. 1138 qui contient le nouveau principe, se sert de termes assez ambigus : *L'obligation de livrer la chose est parfaite par le seul consentement des parties contractantes. — Elle rend le créancier propriétaire.... dès l'instant où elle a dû être livrée.*

Tout le monde ne s'accorde pas sur l'interprétation de cet article. Les uns faisant observer que les rédacteurs du Code ont souvent employé des termes inexacts et confondu les mots *obligation* et *convention*, *donner* et *livrer* changent les termes de l'article 1138 et le traduisent ainsi : *La convention de donner est créée par le seul consentement des parties. — Elle rend le créancier propriétaire dès l'instant où est née l'obligation de donner* (1). Dans ce système, le premier alinéa de l'article signifie que la convention se forme par le seul consentement, sans qu'il soit besoin de formalités solennelles (comme par exemple en droit romain). Mais on fait résulter du second alinéa le principe que la convention transfère la propriété.

D'autres ne changent rien aux termes de l'article 1138 ; ils les expliquent seulement : L'obliga- de livrer *est parfaite* (*perfecta*, c'est-à-dire exécutée, accomplie) par le seul consentement des parties. — Anciennement elle était accomplie par la volonté formellement exprimée (la clause de dessaisine) ; désormais, elle le sera par la seule convention (1).

Ce système fait mieux sentir la transition des anciens aux nouveaux principes. Il a, en outre, l'avantage d'expliquer l'art. 1138 sans en changer les termes ; le sens qu'il donne au mot *parfaite* n'est pas nouveau, et se retrouve dans l'art. 938 dont je vais parler plus bas.

On voit du reste que si les deux systèmes diffèrent, quant à la manière d'expliquer les termes de l'art. 1138, tous les deux aboutissent au même ré-

(1) Dem. t. 2, n. 270. — Dur. t. X, n. 123 et s.
(1) Val. — Marc (art. 1138).

sultat, savoir que *la propriété est transmise aujourd'hui par la seule convention.*

72. Et cela est vrai qu'il s'agisse de meubles ou d'immeubles, d'aliénations à titre onéreux ou de donations. — Seulement, en matière de donations, la convention ne se forme pas légalement par le seul consentement, mais par certaines solennités dont je n'ai pas à m'occuper ici, puisque je ne parle pas de la manière dont se forment les conventions. Mais une fois valablement formée, la convention est par elle-même translative de propriété. C'est ce que dit l'art. 938 : *La donation dûment acceptée est parfaite par le seul consentement des parties, et la propriété est transférée au donataire sans qu'il soit besoin d'autre tradition.* Ainsi, lorsque la donation a été acceptée avec les formalités requises, elle transfère la propriété sans qu'il soit besoin d'autre tradition, c'est-à-dire sans qu'il soit besoin d'une tradition réelle ou feinte autre que celle qui résulte du consentement des parties.

72. Mais on comprend que la convention ne peut pas toujours être translative de propriété. Ainsi elle est simplement productive d'obligation :

1° Lorsqu'elle a pour objet un corps certain appartenant à autrui ;

2° Alors même qu'elle a pour objet un corps certain appartenant à celui qui a promis d'en transférer la propriété, si les parties ont renvoyé à una époque ultérieure la mutation de propriété (1);

3° Lorsqu'elle a pour objet une chose déterminée seulement quant à son espèce.

§ 2. *Transmission à l'égard des tiers.*

I.— Transmission des meubles.

74. La transmission des meubles dans notre droit s'opère-t-elle même à l'égard des tiers par le seul effet de la convention, ou faut-il une tradition? Mais d'abord on peut se demander quel est l'intérêt de cette question en présence du principe de l'article 2279 : *En fait de meubles possession vaut titre.*

Supposons, en effet, deux acquéreurs ; le second en date est celui à qui la tradition a été faite ; il est certain qu'il est devenu propriétaire : si ce n'est parce que la propriété lui a été transmise par le vendeur (ce qui n'est possible que si la première vente non suivie de tradition n'a pas dépouillé celui-ci), c'est, du moins, par l'effet d'une prescription instantanée, par le principe de l'art. 2279.

(1) Mais le terme mis à une vente n'exclut pas par lui seul l'idée de transmission de la propriété. Les parties sont alors supposées avoir l'intention de transférer le droit réel immédiatement, de retarder seulement la délivrance.

Cependant, ce n'est pas seulement pour la satisfaction de l'esprit et à cause de son importance théorique que cette question mérite examen ; elle entraîne aussi des conséquences pratiques très importantes. Ainsi, si le premier acheteur est devenu propriétaire par la convention, il peut revendiquer contre tous ceux qui ne peuvent pas invoquer l'article 2279, par exemple, contre ceux qui ont volé l'objet ou qui l'ont reçu de mauvaise foi. Ainsi encore, cet acheteur pourra, même avant la tradition, revendiquer le meuble à la saisie faite sur son vendeur, cette saisie étant nulle comme faite *super non dominum*.

75. Selon les uns, le législateur, après s'être occupé dans l'art. 1138 de la transmission entre les parties (pour les meubles comme pour les immeubles), s'occupant dans les articles suivants de la transmission à l'égard des tiers, maintiendrait dans l'art. 1141 (1) les anciens principes en matière de transmission mobilière, c'est-à-dire la transmission par la mise en possession réelle. D'après ce système, l'art. 1141 et l'art. 2279 contiennent deux principes distincts. L'art. 1141 protége l'acquéreur

(1) Art. 1141. Si la chose qu'on s'est obligé de donner ou de livrer à deux personnes successivement, est purement mobilière, celle des deux qui en a été mise en possession réelle est préférée et en demeure propriétaire, encore que son titre soit postérieur en date, pourvu toutefois que sa possession soit de bonne foi.

contre les aliénations secrètes qu'aurait pu faire le le vendeur. L'art. 2279 le protége contre les évictions provenant de ce que le vendeur ne serait pas propriétaire (1).

76. J'admets plus volontiers un autre système. On peut contester d'abord que la loi ait entendu faire, même pour les meubles, cette distinction de propriété transmise entre les parties et de propriété transmise à l'égard des tiers. Rappelons-nous que cette distinction dans la loi de brumaire, où nous la trouvons pour la première fois, ne concerne que les immeubles, et que, lors de la rédaction du Code, ce qui a été l'objet d'une discussion violente, c'est la question de savoir si on devait conserver les principes de la loi de brumaire; mais il n'y a pas de traces qu'on ait voulu faire de la tradition pour les meubles ce qu'était ou devait être la transcription pour les immeubles. — En outre, l'art. 1141 lui-même condamne le premier système, car cet article ne reconnaît la propriété au second acheteur à qui la tradition à été faite qu'autant qu'il est de bonne foi. Or, qu'importerait la bonne foi, si la propriété, malgré la première vente, était restée sur la tête du vendeur, si, par conséquent, celui-ci avait encore

(1) Delvincourt, ch. 4, sect. 1. — Toullier, IV, 61 et VII, 205. — Troplong, vente, I, 42. — Hureaux. études sur le Code Nap. dans la Revue du droit français et étranger, 1846, p. 773.

le droit d'aliéner la chose et de la transmettre valablement?

Je crois donc que l'art. 1141 n'est qu'une application du principe de l'art. 2279, déjà en vigueur anciennement, mais qu'il était bon de rappeler à propos de la théorie de la transmission des meubles, parce qu'on aurait pu croire que le principe nouveau de la transmission par la convention venait le détruire (1).

II. Transmission des immeubles par donation. — Renvoi au chapitre 5me.

77. J'ai dit quelles formalités étaient nécessaires dans l'ancien droit pour la transmission par donation. La loi de brumaire, en établissant la transcription, les avait laissées subsister, de telle sorte que depuis la loi de brumaire jusqu'au Code civil, les donations d'immeubles furent soumises tout à la fois à la transcription et à l'insinuation. Il y avait là double emploi. Les rédacteurs du Code avaient à choisir et ils se décidèrent pour la transcription (art. 939, 941).

Nous verrons plus bas combien fut vivement

(1) Val. — Mourlon, t. 2, p. 606. — Demante, II, 573. — Duranton, X, 431. — Marcadé, IV, art. 1141. — Bordeaux, 3 avril 1821 (P.). — Orléans, 8 août 1838 (P. 38, 2, 272). — Douai, 26 fév. 1840 (P. 41, 1, 307). — Bourges, 25 janv. 1841 (P. 41. 2. 590.) — Trib. de com. de la Seine (11 août 1841)

débattue la question de savoir si on devait ou non exiger la transcription pour les aliénations à titre onéreux, et comment, par oubli ou à dessein, elle fut laissée indécise.

On se demanda si la disparution de l'art. 91 du projet du titre des hypothèques (cet article exigeait la transcription), si cette disparution, qui laissait dans le doute la nécessité de la transcription pour la transmission de la propriété, devait influer sur la transcription des donations. La question parut d'abord douteuse, mais elle ne le fut pas longtemps; ce fut bientôt un point constant que le Code civil exige la transcription pour les aliénations à titre gratuit.

78. La loi nouvelle (art. 11 *in fine*) déclare qu'il n'est point dérogé aux dispositions du Code Napoléon, relatives à la transcription des actes portant donation. — En étudiant cette loi, nous verrons si les règles qu'elle a établies pour la trancription des aliénations à titre onéreux diffèrent de celles du Code, sur la transcription des donations.

CHAPITRE IV.

Transmission des immeubles par actes, à titre onéreux, avant la loi de 1855.

I. Sous le Code Napoléon.

79. Je vais maintenant examiner comment, depuis le Code jusqu'à nos jours, a été réglée la transmission des immeubles à l'égard des tiers.

La question se présentait sous l'art. 1140, lorsqu'on venait de décider dans l'art. 1138, qu'entre les parties, l'aliénation s'opérait par la seule convention. Elle souleva de très-vives controverses. La transcription eut ses partisans à la tête desquels était Treilhard; et ses détracteurs, Tronchet et Portalis. Les premiers disaient : Si la propriété passe d'une personne à une autre, par le seul effet de la convention, les mutations étant alors clandestines, les tiers ne sauront jamais au juste si l'ancien propriétaire n'a pas cessé de l'être. De là, des doutes, des incertitudes qui porteront atteinte à la sécurité des transactions, et deviendront un obstacle à la circulation des biens. — Les seconds répondaient : La théorie de la transcription est dangereuse, car elle laisse au vendeur le moyen de dépouiller l'acheteur qui, par ignorance ou par une imprudente confiance, ne se hâte pas de faire transcrire. — On ne pût s'entendre et on convint de renvoyer la question au titre de la vente; au titre de la vente même débat; on la laissa encore indécise pour la résoudre au titre des hypothèques. Ici encore, grande discussion au sein du Conseil d'État; la transcription semble l'emporter et on renvoie le projet à la section de législation pour une nouvelle rédaction où la transcription devait figurer. « Mais la discussion, dit M. Troplong (1), s'égara sur des points secondaires; on perdit de vue le point principal; on ne sut pas se pénétrer de l'importance qu'il y avoit à rattacher le système hypothécaire à un système de transmission de la propriété, protecteur des intérêts des tiers. L'article proposé ne reparut plus par un retranchement fort difficile à expliquer, car aucune résolution précise du Conseil d'État ne le proscrivit. Ainsi donc, l'une des plus grandes questions du régime hypothécaire fut emportée à la faveur d'une omission non motivée, peut-être par suite d'un malentendu ou d'un escamotage. »

80. Qu'il y eût eu un oubli, escamotage ou retranchement volontaire, la question ne tarda pas à se présenter dans la pratique. Les tribunaux décidèrent que la transcription n'était point néces-

(1) Priv. et hyp. — Préf.

saire pour transférer la propriété à l'égard des tiers. Deux arguments principaux furent donnés à l'appui de ce système : 1° Le Code n'a expressément maintenu la loi de brumaire qu'en ce qui regarde les aliénations à titre gratuit (art. 939) ; donc cette formalité est abrogée quant aux aliénations à titre onéreux : *Qui dicit de uno negat de altero ;* 2° le projet du Code sur les hypothèques contenait un article sur les hypothèques qui soumettait expressément la vente à la nécessité de la transcription. Cet article n'a pas été reproduit dans la rédaction définitive ; donc, on a rejeté, quant aux aliénations à titre onéreux, la théorie de la transcription.

La régie, qui perdait les frais de transcription, n'y trouvait pas son compte. Elle s'adresse au Ministre des finances. Le Ministre des finances répond qu'il n'y comprend rien et renvoie au garde-des-sceaux. Celui-ci prend parti pour la transcription, mais le conseil d'État consulté prend le parti contraire par avis du 11 fructidor an XIII (8 août 1805). La régie perdait une branche de ses revenus : elle fit auprès de l'empereur des réclamations qui ne furent pas inutiles. L'avis du conseil d'État ne fut pas inséré au Bulletin des lois ; il lui fut renvoyé et la discussion reprise le 11 mars 1806, sous la présidence de l'empereur, qui voulait la transcription pour remplir les caisses de l'État. Il fallut céder. « Mais, a dit M. Locré, il eût été trop pénible au conseil d'État de rédiger un avis qui n'eût pas été le sien réellement ; quelqu'un propose de *glisser* dans le Code de procédure (que l'on rédigeait alors) quelques dispositions par lesquelles on consacrerait le changement fait au Code civil. »

II. Transmission sous le Code de procédure.

81. Ainsi fut rédigé ce malheureux art. 834 du Code de procédure (1) qui, là où deux systèmes seulement étaient possibles, sut en trouver un troisième certainement plus mauvais que chacun des deux autres.

Je n'ai pas à me jeter ici dans l'examen des nombreuses questions qu'a fait naître cet article, et surtout son dernier paragraphe.—J'ai seulement à constater la théorie qui en résulte pour la transmission de la propriété. La transcription n'est pas nécessaire ; la convention simple produit cet effet, même à l'égard des tiers, puisque, à partir de la

(1) Art. 834. Les créanciers qui, ayant une hypothèque aux termes des art. 2123, 2127 et 2128 du Code Nap., n'auront pas fait inscrire leurs titres antérieurement aux aliénations qui seront faites à l'avenir des immeubles hypothéqués, ne seront reçus à requérir la mise aux enchères conformément aux dispositions du chap. VIII, tit. 13 du liv. 3 du C. Nap., qu'en justifiant de l'inscription qu'ils auront prise depuis l'acte translatif de propriété, et au plus tard dans la quinzaine de la transcription. — Il en sera de même à l'égard des créanciers ayant privilége sur des immeubles, sans préjudice des autres droits résultant au vendeur et aux héritiers des art. 2108 et et 2109 du Code Napoléon.

vente, le vendeur ne peut plus concéder aux tiers aucun droit sur l'immeuble.

Et pourtant comme on voulait donner une utilité à la transcription sans rejeter cette théorie, on décida que les priviléges et hypothèques consentis antérieurement au contrat pourraient encore être inscrits après ce contrat jusqu'à la transcription (et même pendant le délai de quinze jours après la transcription), disposition en désaccord avec le principe admis, car si l'acheteur devient propriétaire par la convention, il doit posséder l'immeuble tel qu'il était en ce moment ; et on ne doit pas permettre que des droits qui n'ont pas encore pris naissance viennent plus tard grever cet immeuble entre ses mains.

CHAPITRE V.

Loi du 23 mars 1855.

§ 1. *Généralités.*

82. Telle fut la législation qui nous régit pendant un demi-siècle, mais non sans donner lieu à beaucoup de controverses et surtout à beaucoup de protestations. On demandait que le système bâtard du Code de procédure fût remplacé par un système adoptant franchement pour base la publicité des

droits réels ; on demandait en même temps la révision du régime hypothécaire, dont l'organisation doit se rattacher à celle des transmissions de propriété.—Les nations étrangères nous donnaient à cet égard un exemple bon à suivre : « Toutes les nations placées un instant sous notre domination, dit l'exposé des motifs de la loi nouvelle, ou subissant notre influence, avaient adopté le Code Napoléon. A peine séparées par les événements de la guerre, tout en conservant les autres titres de ce Code, plus parfait que les lois que leurs nouveaux maîtres pouvaient leur offrir, elles se sont hâtées soit sous une forme, soit sous une autre, de rétablir une publicité indispensable à la sûreté des relations civiles. Ainsi le Code napolitain, celui du Piémont, le Code bavarois, l'édit milanais, la législation génevoise, celle que la Hollande a adoptée en 1834 (1), ont institué une transcription encore plus étendue que celle de brumaire an VII, et avec des dispositions dont celles que nous proposons aujourd'hui tendent à se rapprocher.

« Enfin, en 1841, une enquête, sous la direction de M. le garde des sceaux, s'ouvre dans toute la France ; la Cour suprême et toutes les Cours d'appel sont consultées ; deux cours seulement, celles de Bordeaux et de Toulouse ont repoussé la réforme

(1) Et en Belgique une loi récente du 16 décembre 1851.

proposée ; sur neuf facultés de droit, sept ont aussi demandé le rétablissement de la transcription, avec ses conséquences particulières des droits des tiers (1). »

En 1849, la question fut de nouveau soulevée, quand on s'occupa de la révision du régime hypocaire et de l'organisation des sociétés de crédit foncier. Le projet de loi, œuvre de nos jurisconsultes les plus éminents, consacrait aussi en principe la publicité et admettait la nécessité de la transcription.

83. La loi du 23 mars 1855 est enfin venue réaliser une réforme depuis longtemps demandée. L'esprit de cette loi a été d'étendre le principe de publicité des droits réels pour donner plus de sûreté à la propriété et par suite assurer le développement du crédit.

Dans ce but, elle a soumis à la transcription la transmission de tous les droits réels ; c'est là le point le plus important de la loi, et le seul que j'aurai à étudier.

Mais, en outre, elle a resserré dans d'étroites limites l'exercice de l'action résolutoire du vendeur, l'a soumise à une sorte de publicité, et, l'assimilant au privilége du vendeur, a déclaré qu'elle s'éteindrait avec celui-ci (art. 7.).

(1) Exposé des motifs (Moniteur universel. — Corps législatif. — Annexe K, p. XLIII. — Séance du 11 mai 1854).

Enfin, elle a complété le principe de publicité de l'hypothèque, en restreignant la dispense d'inscription de l'hypothèque légale des femmes et des mineurs, au temps pendant lequel ces personnes sont incapables, et en exigeant l'inscription, soit quand ces incapables sont devenus capables, soit quand c'est un tiers qui a été subrogé à l'hypothèque légale de la femme (art. 8 et 9.)

Ces deux derniers points sont hors de mon sujet, et je me contente de les indiquer.

84. On peut se demander s'il ne serait pas utile de soumettre à la publicité toutes les acquisitions par modes originaires ou dérivés, par convention et autres, par testament, par succession, par occupation, par effet direct de la loi (1). C'est ce qu'on aurait dû faire, si, comme le disait M. de Belleyme dans son rapport, on avait voulu *que l'état civil de la propriété eût ses registres comme l'état civil des personnes, et que son existence pût être, comme toujours, suivie dans toutes les mains où elle passe.* Mais il aurait fallu pour cela bouleverser le Code ; le but de la nouvelle loi a été plus modeste. On a voulu seulement combler une lacune.—Cependant, sans vouloir introduire une réforme aussi radicale, il a été question du moins d'exiger la transcription

(1) Comme l'acquisition de l'usufruit légal des père et mère, ou la constitution de servitude par destination du père de famille.

pour les testaments ; mais on a pas cru devoir admettre cette innovation (1).

Ainsi, il n'y a que la transcription de droits réels par actes entre vifs, par conventions, qui soit assujettie à la publicité. Nous verrons qu'il faut assimiler aux conventions certains jugements.

Je dois examiner : 1° quels droits doivent être rendus publics par la transcription ; 2° par quels actes ces droits doivent être transmis pour être assujettis à la transcription, c'est-à-dire d'abord la nature du droit, puis le caractère de l'acte qui les contient. — Je trouve les éléments de cette étude dans les art. 1 et 2 de la nouvelle loi (2).

(1) Voir l'exposé des motifs.

(2) Art. 1.

Sont transcrits au bureau des hypothèques de la situation des biens :

1o Tout acte entre vifs translatif de propriété immobilière ou de droits réels susceptibles d'hypothèque ;

2o Tout acte portant renonciation à ces mêmes droits ;

3o Tout jugement qui déclare l'existence d'une convention verbale de la nature ci-dessus exprimée ;

4o Tout jugement d'adjudication autre que celui rendu sur licitation au profit d'un cohéritier ou d'un copartageant.

Art. 2.

Sont également transcrits :

1o Tout acte constitutif d'antichrèse, de servitude, d'usage et d'habitation ;

2o Tout acte portant renonciation à ces mêmes droits ;

3o Tout jugement qui en déclare l'existence en vertu d'une convention verbale ;

4o Les baux d'une durée de plus de huit années ;

5o Tout acte ou jugement constatant même pour bail de moindre

§ 2. *Quels droits sont sujets à transcription.*

85. Sont assujettis à la transcription tous droits réels immobiliers.

Ainsi 1° le droit de propriété sur les immeubles, ce qui comprend non seulement la pleine propriété, mais encore les mines exploitées, en vertu d'un acte de concession du gouvernement, en conformité de la loi du 21 avril 1810, et qui constituent une propriété immobilière distincte de celle de la surface; —Les autres propriétés superficiaires, telles que la propriété des constructions élevées sur un terrain ou un cours d'eau du domaine public, la propriété des divers étages d'une maison ;

2° L'usufruit ;

3° Tous autres droits réels, quoique non susceptibles d'hypothèque, c'est-à-dire l'antichrèse (1), les servitudes réelles, l'usage et l'habitation.

Tous ces droits réels, en effet, sont des démembrements de la propriété qui diminuent la valeur de l'immeuble, et qu'il importait dès lors de faire connaître, puisque le but de la loi est d'assurer le

durée, quittance ou cession d'une somme équivalente à trois années de loyers ou fermages non échus.

(1) Avant la loi de 1855, l'antichrèse était généralement considérée comme un droit réel, c'est-à-dire opposable aux tiers. L'art. 2 de la loi vient donner raison à cette opinion.

crédit, en établissant d'une manière certaine la valeur vénale de l'immeuble.

86. Mais ici s'élève une question ; nous savons qu'il n'est pas dérogé aux dispositions du Code Napoléon, en ce qui touche les donations. Or, l'article 939 ne soumet à la transcription que les donations de biens susceptibles d'hypothèque. Que penser des donations de ces droits dont nous venons de parler?

Dès avant la loi actuelle, les esprits étaient partagés. Les uns, s'appuyant sur les termes de l'article 939, et s'en tenant à la lettre de cet article, qu'ils interprétaient en le rapprochant de l'article 2118, pensaient que la transcription n'était pas nécessaire pour les donations de servitudes, de droits d'usage et d'habitation (1).

D'autres, au contraire, considéraient — en droit que si les servitudes réelles, les droits d'usage et d'habitation ne sont pas susceptibles d'hypothèque, quand ils sont détachés de la pleine propriété, c'est-à-dire quand ils sont dans la main du donataire, ils le sont cependant quand on les considère par rapport au donateur, parce qu'en hypothéquant son droit de propriété, il a hypothéqué son droit plein et entier ; qu'à ce point de vue, les droits réels, dont nous parlons, concourant à former

(1) Duranton, t. 8, no 504. — Zachariæ, t. 5, p. 326, note 8. — Marcadé, art. 939.

le gage du créancier, peuvent être considérés comme susceptibles d'hypothèque, et rentrent dans les termes de l'art. 939 ; — en équité, qu'il ne serait pas juste de permettre au débiteur de diminuer ainsi le gage donné aux créanciers ou de les tromper en leur offrant un gage diminué par une donation dont ils ne pouvaient soupçonner l'existence ;— ceux-là donc décidaient que les donations même de servitudes, de droits d'usage ou d'habitation devaient être transcrites (1). La jurisprudence s'était prononcée en ce sens. Aujourd'hui surtout, je crois qu'il faut le décider ainsi, pour se conformer à l'esprit général de la loi et ne pas consacrer une distinction bizarre : exiger la transcription, lorsqu'il s'agirait d'aliénation à titre onéreux, et non pour des aliénations à titre gratuit.

En outre, la loi a soumis à la transcription certains droits personnels : 1° les baux d'une durée de plus de dix-huit ans ; 2° les quittances ou cessions d'une somme équivalente à trois années de loyers ou fermages. C'est là une invasion faite dans le domaine des droits personnels, mais qui se justifie en ce que ces droits personnels imitent un droit réel, puisqu'ils sont opposables aux tiers (art. 1743).

(1) Val. — Bug. sur Pothier, t. 8, p. 385. — Coin-Delisle. Don. et test. n° 11. — Delvincourt, sur l'art. 939. — Vazeille, n° 4. — — Grenier, t. 1, n° 162. — Riom, 23 mai 1842. — Caen, 19 mai 1853.

La loi l'a voulu ainsi dans l'intérêt de l'agriculture et du commerce.

88. Que faut-il décider pour l'emphythéose? qu'on la considère comme un droit réel ou comme un droit personnel (c'est-à-dire un bail à long terme), il est certain qu'elle doit être transcrite ; mais les conséquences ne seront pas les mêmes dans les deux opinions. Si ce n'est aujourd'hui qu'un droit personnel, un bail à long terme (1), l'emphytéose qui ne serait pas transcrite pourra être opposée aux tiers dans la même limite qu'un bail non transcrit, c'est-à-dire pour dix-huit ans. — Si au contraire, c'est un droit réel (2), elle ne pourra en rien être opposée aux tiers, si elle n'est transcrite. C'est à cette dernière opinion que je suis porté. Je pense que l'art. 543 du Code n'a pas pour but d'énumérer limitativement tous les les droits réels reconnus aujourd'hui (3), mais seulement d'exclure les anciens droits réels qui avaient un caractère féodal. Cette opinion se trouve confirmée par la discussion même de l'article (V. Locré, t. VIII). Je pense que pour la na-

(1) Valette, Priv. et hyp. p. 191. — Bugnet. — Zachariæ, t. 1, n° 198.

(2) Merlin. Quest. de droit, v° Emphytéose, sect. 5, n° 8. — Duranton, t. IV, n° 80. — Duvergier, Louage, n°s 151 et s. — Troplong, Priv. et hyp. n° 405. — Paris, 10 mai 1831. — Cass. 19 juillet 1832. — Cass. 1er avril 1840.

(3) Cet article ne parle ni de la propriété des mines, ni du domaine congéable qui sont cependant reconnus comme droits réels

ture et les règles du droit d'emphytéose, il faut aujourd'hui encore s'en référer à la loi des 28-19 novembre 1790. Cette loi n'est point abolie par le Code civil (1). Elle est visée dans un avis du conseil d'État du 2 février 1809, qui considère l'emphytéose comme un droit réel. On peut encore tirer argument à l'appui de cette opinion de divers actes législatifs, entre autres la loi du 8 novembre 1844, art. 15 — Loi du 21 juin 1826, art. 2, etc.

§ 3. *Des actes qui doivent être transcrits.*

89. J'ai dit quels droits doivent être transcrits ; mais ils ne doivent l'être qu'autant qu'ils sont transmis par des actes dont il faut maintenant étudier la nature.

Nous savons déjà que la transcripion n'est pas exigée pour les testaments, mais seulement pour les actes entre vifs. Il faut encore en excepter les partages. Le projet de la nouvelle loi les soumettait à la transcription. Cette disposition fut repoussée

(1) Si elle était abolie, il me semble qu'il faudrait décider que l'on peut donner un immeuble à bail pour plusieurs siècles. C'est en appliquant la loi de 1790 que l'on décide qu'un bail fait pour plus de 99 ans transfère non un endroit personnel, mais la propriété de l'immeuble, et que toute rente stipulée pour plus de 99 ans est perpétuelle et par conséquent rachetable. — L'art. 530 décide bien que toute rente perpétuelle est rachetable, mais ce n'est qu'en s'appuyant sur la loi de 1790 que l'on peut décider que la rente établie pour plus de 99 ans est perpétuelle.

parce que le partage est dans notre droit déclaratif et non translatif de propriété, et que si c'est là une fiction, elle n'en est pas moins la base des règles et des effets du partage. Pour y porter atteinte, il faudrait, a-t-on dit, un intérêt puissant ; or, la transcription n'a aucune utilité à l'égard des créanciers de la succession qui peuvent conserver leurs droits nonobstant tout partage. Quant aux créanciers des héritiers, ils sont suffisamment protégés par la facilité de former opposition au partage (art. 882) (1).

Ainsi, les partages de succession entre les cohéritiers, comme aussi entre les associés, ne sont pas sujets à transcription.

Il en est de même de tout acte qui a pour objet de faire cesser l'indivision entre les cohéritiers, puisque c'est là un véritable partage (art. 888).— Il y a certains actes, certaines cessions dont la nature donne lieu à de grandes controverses (2). — Je ne puis ici entrer dans ces détails. Je dirai seulement que selon qu'on considère ces actes comme ventes ou comme partages, c'est-à-dire comme actes translatifs ou simplement déclaratifs, il faudra décider que la transcription est ou non nécessaire.

(1) V. le rapport de M de Belleyme (*Moniteur universel.* — Corps législatif. — Annexe I, p. XXXIV. — Suppl. 31 mai 1854 no 254.)

(2) V. les Codes annotés de Gilbert sur les art. 883, 888.

Il est évident enfin que les partages d'ascendants étant soumis aux formalités, conditions et règles prescrites pour les actes entre vifs (art. 1076), doivent être transcrits, lorsqu'ils ont pour objet des immeubles.

Voyons maintenant quels sont les actes entre vifs qui doivent être transcrits ; la loi semble les distinguer en trois catégories : 1° actes translatifs ; 2° renonciations ; 3° jugements.

1° *Actes translatifs*. — 90. Les actes translatifs sont à titre gratuit ou à titre onéreux. — Les aliénations à titre gratuit sont régies par le Code civil, mais j'ai renvoyé ici ce qui les concerne pour mieux montrer dans son ensemble la législation actuelle.

Donations. — Toutes donations de droits immobiliers doivent être transcrites (art. 939), même celles faites par contrat de mariage (1081). — Les donations de biens à venir faites aux époux (1082) ou par l'un d'eux à l'autre (1091, 1093) par contrat de mariage, c'est-à-dire les institutions contractuelles, ne sont pas assujetties à la transcription. C'est là une sorte de legs qui assimile les époux à des héritiers réservataires. La faculté pour le donateur d'aliéner à titre onéreux les biens donnés (1083) et la caducité de la donation par le prédécès du donateur et de sa postérité (1089), tels sont les motifs de ne pas considérer ces donations comme soumises à la règle commune (1).

Si la donation porte tout à la fois sur les biens présents et les biens à venir (1084, 1093). La transcription du reste ne sera utile qu'autant que le donataire voudrait plus tard se borner à la donation de biens présents. Sinon il sera obligé de se soumettre aux charges et aliénations consenties par le donateur (2).

Les donations entre époux faites pendant le mariage produisent une translation immédiate de propriété. Par conséquent, la transcription sera utile, non point pour empêcher l'époux donateur de disposer des biens donnés au profit d'un tiers, puisque ces donations sont essentiellement révocables (1096), mais pour empêcher les immeubles donnés d'être du chef du donateur grevés d'hypothèques légales et judiciaires. D'ailleurs elle sera toujours nécessaire pour empêcher un jour les héri-

(1) Duranton, t. 8, nº 506. — Delvincourt, t. 2, p. 437. — Grenier, t. 2, nº 430. — Toullier, t. 5, nº 815. — Zachariæ, t. 5, p. 325. — Pau, 2 janvier 1827.

Il eût été bon peut-être d'exiger la transcription des institutions contractuelles, puisqu'un donataire de biens à venir pourra faire valoir utilement son titre contre un donataire postérieur; mais on l'assimile à un héritier réservataire, et celui-ci aussi pourra faire valoir son droit de réserve.

(2) Zachariæ, t. 5, p. 325. — Duranton, t. 8, nº 507. — Mourlon, t. 2, p. 438.

tiers du donateur d'aliéner les biens donnés ou de les grever de charges et d'hypothèques.

J'en dirai autant pour les donations de l'article 1086, c'est-à-dire des donations par contrat de mariage faites sous des conditions potestatives de la part du donateur.

91. *Aliénations à titre onéreux.* — Nous comprendrons nécessairement parmi les actes qui doivent être transcrits : la vente, l'échange, les dations en paiements d'immeubles.

La dation en paiement s'opère entre époux dans les trois cas prévus par l'art. 1595 et aussi lorsque, aux termes de l'art. 1472, la femme exerce ses reprises sur les biens personnels de son mari. Dans ces divers cas, la transcription est nécessaire (1).

Il faut aussi faire transcrire les actes de société par lesquels l'un des associés apporte un immeuble en société (2).

On sait que la transaction est simplement déclarative, quant aux droits qui faisaient l'objet du différend ; qu'elle est translative quant aux choses qui ont été données comme équivalant des conces-

(1) Mais elle ne l'est pas lorsque la femme exerce ses reprises par prélèvement sur les biens de la communauté (1471), de quelque manière du reste qu'on envisage le droit de la femme.

(2) Cela est évident si l'on admet que la société est une personne civile (Duranton, Bravard). — Même dans l'opinion contraire, il y a toujours aliénation partielle au profit des autres associés ; par conséquent il faut la transcription.

sions obtenues. Pour ces choses elle sera sujette à transcription.

92. Il est prudent de faire transcrire immédiatement les aliénations à titre gratuit ou onéreux faites sous condition suspensive. Il est vrai que la propriété n'est réellement transférée que lors de la réalisation de la condition; mais comme ce droit rétroagit au jour du contrat, il est juste que les tiers soient avertis, et la rétroactivité ne remonte à leur égard qu'au jour de la transcription (1).

Quant aux aliénations sous condition résolutoire, la transcription qui en est faite, en avertissant les tiers de la translation de propriété, les avertit aussi de l'événement qui peut la résoudre, et les droits qu'ils tiendraient de l'acquéreur se trouvent résolus par la réalisation de la condition.

2° *Renonciations.* — 98. Ce que la loi appelle actes de renonciation n'est au fond qu'une convention translative. Celui qui renonce en effet se dépouille d'un droit dont est investi celui au profit de qui la renonciation est faite. Il y avait donc intérêt à avertir le public.

Il ne s'agit pas des actes de renonciation à succession ou à la communauté. Ces renonciations ne sont pas des actes translatifs. En effet, l'héritier qui renonce est censé n'avoir jamais été héritier

(1) Duranton, t. 8, n° 510. — Zachariæ, t. 5, p. 325.

(art. 785 C. Nap.) et lorsque la femme renonce à la communauté, le mari conserve les biens *jure non decrescendi.*

Mais la renonciation même gratuite que ferait un des héritiers au profit d'un ou de plusieurs de ses cohéritiers, et celle qu'il ferait au profit de tous ses cohéritiers indistinctement, s'il recevait le prix de sa renonciation, seraient soumises à la transcription; dans le premier cas en effet c'est une donation; dans le second une vente.

On comprend l'utilité de la transcription pour la renonciation à des droits susceptibles d'hypothèque. On la comprend encore pour la renonciation aux servitudes, car si le propriétaire du fonds dominant, après avoir renoncé à la servitude, vendait son fonds, sa renonciation ne pourrait être opposée à l'acquéreur qu'autant qu'elle serait transcrite. Mais quant au droit d'usage qui ne peut être hypothéqué ni cédé, il n'y a aucun intérêt à faire transcrire la renonciation qui en est faite. Elle ne peut que profiter à ceux qui contracteront avec le nu propriétaire. Elle est indifférente à ceux qui contractent avec l'usager.

3° *Jugements.* — 94. En principe, les jugements ne sont pas assujettis à la transcription parce qu'ils sont déclaratifs de droits et non attributifs. Toutefois il faut faire des exceptisns.

1° Le jugement est sujet à transcription lorsqu'il

déclare l'existence d'une convention verbale qui, si elle eût été écrite, eût été soumise à cette formalité. Ce ne sera qu'à partir de cette transcription que les droits transmis par la convention verbale, étant rendus publics, pourront être opposés aux tiers.

2° Doivent être transcrits les jugements qui, par exception sont translatifs de propriété. Ce sont les jugements d'adjudication rendus soit sur saisie-immobilière (1), soit sur licitation autre que ceux rendus sur licitation au profit d'un cohéritier ou d'un copartageant.

Mais la nouvelle loi ne change rien à la théorie des jugements d'expropriation pour cause d'utilité publique, et je pense que les jugements d'expropriation ne devront pas être transcrits (2).

3° Il y a encore une autre sorte de jugements qui sont soumis à la publicité. Ce sont les jugements qui prononcent la résolution, nullité ou rescision d'un acte transcrit. Ces jugements ne sont pas su-

(1) On peut se demander à quoi sert la transcription d'un jugement d'adjudication sur saisie immobilière. L'ajudicataire semble n'avoir rien à craindre, puisque le saisi, à partir de la transcription de la saisie, ne peut plus aliéner l'immeuble; mais cet immeuble aurait pu être vendu avant la saisie par le saisi lui-même ou un de ses auteurs; l'adjudicataire, s'il ne fait pas transcrire, aura donc à craindre que des droits antérieurs au sien ne viennent à se manifester.

(2) V. un article de M. Cabantous, dans la *Revue critique de législation et de jurisprudence*, t. 7, p. 92.

jets à la transcription, mais d'après l'article 4 de la loi de 1855, mention doit en être faite en marge de la transcriptoin de l'acte annulé. On n'exige pas la transcription, parce que la publicité de ce jugement n'est pas nécessaire pour que le bénéficiaire puisse l'opposer aux tiers. Ce jugement en effet est toujours déclaratif d'un droit préexistant et n'opère pas translation par lui-même. Mais la mention exigée n'en est pas moins, comme dit l'exposé des motifs, un avertissement utile à donner aux tiers que la transcription d'un acte pourrait tromper sur son existence apparente. Et comme aucun péril ne menace le bénéficiaire du jugement, il fallait assurer l'exécution de la mesure par une pénalité contre l'officier ministériel qui négligerait de donner cette publicité. Aussi la loi oblige l'avoué qui a obtenu le jugement à faire opérer cette mention dans le mois sous peine de cent francs d'amende.

§ 4. *Formalités de la transcription.*

95. La transcription, par opposition à l'inscription, est la copie littérale d'un acte sur un registre spécial. Cette transcription en entier était prescrite par la loi de brumaire an VII, et par le Code dans tous les cas où il l'avait conservée. En quelques pays au contraire (Code bavarois, édit mila-

nais), c'est par une simple inscription que l'on donne publicité aux aliénations. Le projet du gouvernement repoussant le mode d'inscription comme trop sujet à erreur, la transcription comme n'étant pas un mode assez expéditif, proposait un système intermédiaire. Il consistait dans le dépôt de la copie de l'acte transcrit et l'inscription par extrait sur le registre du conservateur. Cette double formalité, dit le rapport, produisait une complication sans amener une économie de temps ; elle remplaçait la copie littérale du titre par un simple extrait qui n'offrait ni les même garanties, ni les mêmes avantages. Enfin la transmission n'était pas mentionnée sur l'original du titre. Le projet fut donc repoussé et c'est le mode de transcription usité jusqu'à ce jour qui continue à être en vigueur.

96. On se demanda aussi dans quelle forme un acte pourrait être présenté à la transcription. Les actes sous-seing privé pourront-ils, comme ils l'ont été jusqu'ici, être admis à la transcription ? N'y aura-t-il au contraire que les actes authentiques ?

De vifs débats s'élevèrent à ce sujet dans le sein de la commission et parmi les adversaires de la transcription des actes sous seing privé deux systèmes furent soutenus ; l'un qui obligeait à déposer les actes sous seing privé dans l'étude d'un notaire préalablement à leur transcription, l'autre plus radical qui n'admettait à la transcription que les actes notariés. On se fondait sur ce qu'on a à craindre la perte, la destruction, l'altération des titres privés, et la transcription ne pouvant suppléer l'absence du titre original, l'intérêt des tiers qui se sont fiés à cette transcription pourrait se trouver compromis. Le dépôt préalable de l'acte dans l'étude d'un notaire ferait disparaître ces inconvénients, mais il y aurait à craindre encore les obscurités, les irrégularités, les nullités qui se trouvent souvent dans ces actes. — Mais ces systèmes exclusifs offraient de graves inconvénients et surtout portaient atteinte à la facilité et à la liberté des transactions; à côté de l'obligation de la transcription, ils créaient celle de l'acte authentique. Le législateur a pensé que le but de la transcription étant qu'aucun acte ne pût être opposé aux tiers, s'ils n'ont pu le connaître, ce but est atteint aussi bien avec l'acte sous seing privé qu'avec l'acte authentique, et qu'il n'était pas nécessaire pour cela d'innover dans les principes du Code, de gêner la liberté, la rapidité des conventions privées.

97. Ajoutons, pour compléter ce qui tient aux formalités, que la transciption se fait au bureau des hypothèques de la situation des biens. — Que lorsqu'un acte contient des conventions de diverse nature, on ne transcrit que celles de ces conventions qui concernent la transmission du droit soumis à la formalité.

98. La transcription peut être requise non seulement par l'aliénateur et par l'acquéreur ou ses successeurs universels, mais par toute personne intéressée et notamment les ayant cause particuliers et les créanciers de l'acquéreur, conformément au principe de l'art. 1166. — Elle peut être requise par la femme mariée, le mineur même non émancipé, l'interdit ; car c'est une mesure conservatoire, pour l'accomplissement de laquelle aucune formalité n'est nécessaire. — Elle doit être requise par les maris, les tuteurs, les administrateurs des établissements publics, sous leur responsabilité (940, 942).

Cette obligation et cette responsabilité s'appliquent aux transcriptions exigées par la nouvelle loi ; car ce n'est là que l'application des principes généraux.

§ 5. *Sanction du défaut de transcription. — Effets de la transcription.*

98. Jusqu'à la transcription, l'acquéreur n'a pas une propriété absolue. Les tiers peuvent faire valoir à son préjudice les droits qu'ils tiennent de son vendeur (je prends la vente comme exemple), que ces droits leur aient été concédés avant ou après la vente, pourvu qu'ils aient eux-mêmes donné à ces droits la publicité exigée par la loi.

99. Mais quels sont ces tiers? en d'autres termes quelles personnes peuvent opposer le défaut de transcription? L'art. 3 de la loi de 1855 les détermine en disant : *Les tiers qui ont des droits sur l'immeuble*. Il faut évidemment comprendre dans ces expressions les tiers acquéreurs et les créanciers hypothécaires.

Il faut y comprendre aussi les donataires à titre particulier d'immeubles précédemment aliénés. Eux aussi sont des tiers intéressés ayant des droits sur l'immeuble, et ils peuvent par conséquent invoquer le bénéfice de la loi nouvelle, comme ils pouvaient déjà invoquer le bénéfice de l'art. 941 du Code (1). En vain, se prévaut-on pour soutenir le contraire de l'art. 1072, qui refuse au donataire de l'auteur d'une substitution, le droit de se prévaloir du défaut de transcription de l'acte qui la renferme. La disposition de cet article est toute exceptionnelle. Ce n'est qu'en faveur des appelés et parce que les substitutions peuvent être faites au profit d'enfants même non encore conçus que l'art. 1072 a déclaré les donataires postérieurs non recevables à se prévaloir du défaut de transcription (2).

100. Quant aux légataires, on leur refusait, sous

(1) Coin-Delisle, art. 941, n° 18. — Zachariæ, t. 5, § 701, note 26. — Duranton, t. 8, n° 515. — Dalloz, v° *Dispositions entre vifs*, n° 10.

(2) Voy. cependant Merlin, v° *Transcript.*, § 6, n° 3. — Marcadé, sur l'art. 941, n° 1. — Montpellier, 2 juin 1831.

le Code civil, le droit d'invoquer le défaut de transcription d'une donation, parce que la transcription, d'après les principes de la loi de brumaire maintenus par le Code, en matière de donations, n'était établie que pour les tiers *qui avaient contracté* avec l'aliénateur, et que dès lors un simple légataire n'en saurait invoquer le défaut, puisqu'il n'a nullement contracté avec le défunt (1). Je pense qu'il faudra encore le décider ainsi pour les cas nouveaux de transcription exigés par la loi de 1855, et qu'il faut aussi interpréter les termes de cette loi par les principes de la loi de brumaire.

101. *Créanciers chirographaires*. Pas de doute d'après la loi nouvelle. Son texte les repousse et sa discussion, au Corps législatif, ne laisse aucun doute à cet égard (2). Mais cette loi ne régit pas les donations et la question de savoir si les créanciers chirographaires du donateur peuvent opposer le défaut de transcription a été fortement controversée sous le Code civil. Les uns, s'appuyant sur la généralité des termes de l'art. 941 (*Le défaut de transcription peut être opposé par toutes personnes ayant intérêt*), ont décidé en faveur des créanciers chirographaires (3). Je crois plutôt qu'il

(1) Caen, 27 janv. 1813. — Merlin. Quest., vº *Transcript.*, § 6, nº 4. — Duranton, t. 8, nº 516. — Marcadé, art. 941. — Coin-Delisle, nº 20.

(2) V. notamment le discours de M. Rouher, dans la séance du 16 janvier 1855 (*Moniteur* du 17).

(3) Caen, 7 avril 1841 (S. V. 41, 1, 393). — Limoges, 9 mars

faut interpréter l'art. 941 par les principes de la loi de brumaire, car c'est la transcription de la loi de brumaire que le Code a conservée en matière de donations. Or, d'après cette loi comme d'après celle de 1855, il n'y a que les intéressés à la conservation d'un droit réel sur l'immeuble qui peuvent se prévaloir du défaut de transcription (1). Je pense donc qu'il faut ne pas faire de différence entre les donations et les aliénations à titre onéreux, et dans tous les cas refuser aux créanciers chirographaires le droit d'opposer le défaut de transcription.

102. A plus forte raison le déciderais-je ainsi pour les héritiers *ab intestat* ou autres successeurs universels. Aucun doute encore à cet égard pour les héritiers du vendeur. Quant à ceux du donateur, les raisons que je viens d'indiquer s'appliquent aux héritiers aussi bien qu'aux créanciers chirographaires ; et il y a de plus cette raison que les héritiers sont tenus des engagements de leur auteur, et dès lors ne peuvent pas plus que lui opposer le défaut de transcription. Ainsi c'est en ce sens que se sont prononcées une jurisprudence constante et la presque unanimité des auteurs (2).

103. Enfin certaines personnes ne peuvent, même

1843 (S. V. 44, 2, 64).— Dalloz, v° *Disp. entre vifs*, ch. 4, sect. 2, art. 5, n° 7 — Zachariæ, t. 5, p. 333.

(1) Grenoble, 17 juin 1822 (S. V. 23, 2, 273). — Coin-Delisle. — Marcadé, sur l'art. 941.

(2) V. cependant Bug. sur Pothier, t. 8, p. 389. — Mourlon, t. 2, p. 297.

lorsqu'elles prétendent un droit réel sur l'immeuble, opposer le défaut de transcription. Cette privation est une sanction de l'obligation que la loi leur impose de faire transcrire dans l'intérêt des incapables. Ce sont le mari, le tuteur, les administrateurs des établissements publics (940, 941), pour les donations faites à la femme, au mineur, aux établissements publics. — Il faut généraliser cette règle de l'art. 941, parce qu'elle n'est que l'application des principes et l'étendre à la loi nouvelle (1).

104. A part les personnes que nous venons d'énoncer et qui ne peuvent opposer le défaut de transcription, les tiers qui ont acquis des droits sur l'immeuble depuis l'aliénation et qui les ont conservés en se conformant à la loi, doivent être maintenus, quand même il serait établi qu'ils ont eu par d'autres voies connaissance de l'aliénation; car, tant qu'elle n'est pas transcrite, elle est présumée ignorée d'eux, et nulle preuve contraire n'est admise contre une présomption, sur le fonde-

(1) L'art. 941 dit que le défaut de transcription ne pourra être opposé ni par les personnes dont nous venons de parler, ni par leurs ayant-cause. Cela est naturel pour les ayant-cause à titre universel qui succèdent aux obligations de leur auteur, et ce n'est que l'application de la règle *Quem de evictione tenet actio eumdem agentem repellit exceptio*. Mais pourquoi étendre cette rigoureuse disposition aux ayant-cause à titre particulier? Cependant la loi est formelle; elle ne distingue pas. On peut dire pour la justifier que c'est l'application de la règle : *Nemo plus juris conferre potest quam ipse habet.*

ment de laquelle la loi dénie l'action en justice (art. 1352, 1071 Code Napoléon). C'est ce que M. de Vatimesnil faisait vivement ressortir à l'occasion du projet de réforme hypothécaire en 1851, et c'est en ce sens que s'est prononcée une jurisprudence unanime en matière de transcriptions des donations (1).

Toutefois le dol et la fraude faisant exception à toutes les règles, il est évident que si celui qui a rempli le premier les formalités avait participé à la fraude de l'aliénateur, il ne pourrait se prévaloir de la transcription.

105. A qui peut être opposé le défaut de transcription? A toute personne, même aux mineurs et autres incapables. Admettre une exception en leur faveur, c'eût été porter une grave atteinte au système de publicité que l'on voulait organiser. Telle est d'ailleurs la disposition formelle de l'art. 931 en matière de donations. Les incapables du reste auront un recours contre ceux qui étaient chargés de faire pour eux la transcription.

106. Voyons maintenant quels effets produira la transcription pour l'acquéreur qui l'aura faite. Elle le rend propriétaire d'une manière absolue. Cela ne

(1) V. *Moniteur* du 16 février 1851. — Caen, 9 nov. 1847 (S. 48, 1, 328). — Paris, 7 déc. 1852 (S. 53, 1, 371). — Limoges, 18 mai 1839 (S. 40, 1, 657. — Rennes, 10 août 1842 (S. 42, 2, 73). — Nîmes, 27 juin 1812 (id.). — Montpellier, 1843 (S. V. 44, 2, 188).

veut pas dire que la transcription d'un contrat soit inattaquable. La transcription ne fait que compléter l'effet du contrat, et si celui-ci est vicié, s'il vient à être annulé ou rescindé, par conséquent considéré comme non avenu, la transcription aussi sera considérée comme non avenue.

L'effet de la transcription est donc non pas de donner à l'acquéreur un droit qu'il n'aurait pas, mais de rendre absolu et opposable à tous son droit jusqu'alors relatif. Non seulement elle empêche qu'aucun droit soit concédé à son préjudice, mais tous les droits antérieurs qui n'auraient pas été conservés conformément à la loi (c'est-à-dire par l'inscription ou par la transcription) sont non avenus à son égard (1).

107. Ainsi le régime actuel offre une double différence avec le régime antérieur, c'est-à-dire celui du Code de procédure : 1° après la vente, le vendeur ne pouvait plus conférer à un tiers des droits réels sur l'immeuble vendu ; aujourdhui, jusqu'à la transcription, ces droits seraient valablement conférés ; 2° les droits concédés avant l'aliénation pouvaient être inscrits utilement dans la quinzaine après la transcription ; aujourd'hui ils ne le pourraient plus. On n'a fait à cet égard qu'une exception

(1) Ainsi M. Rivière nous paraît être dans l'erreur, lorsqu'il dit (*Explication de la loi du 23 mars 1855, n° 51*), que les baux une fois transcrits sont opposables aux créanciers hypothécaires inscrits antérieurement.

en faveur du privilége du vendeur ou du copartageant dans l'art. 6 (1).

Aujourd'hui tout est réglé par la date de la transcription ; mais ce principe posé, voici une hypothèse qui peut offrir quelque difficulté.

108. Primus vend un immeuble à Secundus : celui-ci ne fait pas trancrire la vente et revend à Tertius qui ne fait transcrire que son propre contrat. Mais Primus a une seconde fois vendu l'immeuble à un autre acquéreur, Quartus. Qui sera propriétaire, Tertius ou Quartus ? — C'est Quartus, pourrait-on dire ; Secundus, en effet, n'ayant pas fait transcrire, n'avait qu'un droit de propriété relatif, et n'a pu transmettre que ce droit à Tertius ; celui-ci n'aurait pu le rendre absolu et opposable

(1) Dans la discussion, plusieurs orateurs réclamèrent le maintien du délai de quinzaine de l'art. 834 C. proc., en faveur des créanciers hypothécaires du précédent vendeur, comme une heureuse dérogation faite à la logique des principes. Cette proposition fut repoussée non seulement comme illogique, mais par le motif qu'il était facile de remédier dans la pratique aux inconvénients signalés (V. la séance du 16 janvier 1855 ; *Moniteur* du 18).

Voici le texte de l'art. 6 :

« Art. 6. A partir de la transcription, les créanciers privilégiés ou ayant hypothèque, aux termes des art. 2123, 2127 et 2128 du C. Nap, ne peuvent prendre utilement inscription sur le précédent propriétaire.

« Néanmoins, le vendeur ou le copartageant peuvent utilement inscrire les priviléges à eux conférés par les art. 2108 et 2109 du C. Nap. dans les quarante-cinq jours de l'acte de vente ou de partage, nonobstant toute transcription d'actes faits dans ce délai.

« Les art. 834 et 835 du C. de proc. civ. sont abrogés. »

aux tiers qu'en accomplissant la même formalité que son auteur Secundus, c'est-à-dire en faisant transcrire le contrat de Secundus. — Ce serait là une erreur : Tertius, pour devenir propriétaire à l'égard de tous, n'a besoin que de faire transcrire son propre contrat. J'en déduis la preuve du second alinéa de l'art. 6. Dans quel but donner au vendeur 45 jours pour inscrire son privilége? De deux choses l'une : — ou l'acquéreur a fait transcrire, et alors cette transcription vaut inscription à l'égard du vendeur (art. 2108); l'immeuble revendu ne passe entre les mains du sous-acquéreur que grevé du privilége du premier vendeur ; — ou l'acquéreur n'a pas fait transcrire, et, alors, s'il était vrai que Tertius, le sous-acquéreur, ne peut devenir propriétaire à l'égard de tous, qu'en faisant transcrire, non-seulement son contrat, mais encore celui de Secundus, cette transcription ferait apparaître le privilége de Primus ; et il n'aurait en aucun cas besoin d'aucun délai pour faire inscrire son privilége. Si on lui donne pour cela un délai de 45 jours (1), c'est

(1) Ce délai de quarante-cinq jours n'est relatif qu'au droit de suite ; mais si l'immeuble est resté entre les mains de l'acquéreur et que celui-ci sans avoir fait transcrire concède des hypothèques à des tiers la transcription postérieure du contrat donnera néanmoins au privilége du vendeur un rang antérieur à ces hypothèques à quelque époque qu'elles aient été inscrites.—On le décidait ainsi même sous le Code Napoléon, quoique théoriquement on ne s'entendît pas sur l'interprétation à donner à l'art. 2108.

qu'on a considéré la transcription du dernier contrat comme lui étant opposable, c'est-à-dire comme rendant le sous-acquéreur propriétaire absolu (1).

Ce principe résulte clairement de l'art. 6, et on peut le justifier par cette raison que chez nous, le droit réel est transmis par la convention et non par la transcription; celle-ci n'est que la publication du droit acquis, mais non le fait qui fait acquérir le droit. C'est donc dans l'enchaînement des contrats et non des transcriptions qu'il ne doit pas y avoir solution de continuité. Il n'en serait pas de même si la convention ne créait qu'un droit personnel, et si la translation de propriété ne s'opérait, comme dans le système allemand, que par la transcription. Alors évidemment, dans notre hypothèse, la propriété aurait continué à résider sur la tête de Primus, et Tertius ne serait pas devenu propriétaire.

(1) Par conséquent aussi la transcription du dernier contrat de vente suffira pour opérer la purge au profit de l'acquéreur, à l'égard des créanciers non inscrits des précédents vendeurs. — Sous l'empire du Code Napoléon et du Code de procédure, la question était très controversée et donnait lieu à trois systèmes : 1 la cour de cassation regardait la transcription du dernier contrat comme suffisante (Cass , 13 déc. 1813 et 14 janv. 1818). — 2o Quelques auteurs au contraire voulaient la transcription de tous les contrats antérieurs (Tarrible, *Rép.*, vo *Transcription*, § 3, no 2). — D'autres enfin adoptant une opinion intermédiaire se contentaient de la transcription du dernier contrat si elle contenait la nomenclature exacte des précédents vendeurs (Merlin, *Rép.*, vo *Transcription*, p. 106, note ; Troplong, *Priv. et Hyp.*, no 913).

§ 6. — *Combinaison de la loi de 1855 avec les principes de la prescription et de la faillite.*

109. On s'est demandé comment se combinaient les principes de la loi nouvelle avec certaines parties de notre législation, et notamment les règles de la prescription et celles de la faillite.

Et d'abord, aucune question ne peut s'élever pour la prescription de trente ans Supposons en effet un acquéreur, qui sans avoir fait transcrire son titre, aurait possédé pendant trente ans : qu'un second acquéreur vienne revendiquer l'immeuble, il lui répondra : Je suis propriétaire de l'immeuble, non pas parce que je l'ai acheté, mais parce que je l'ai possédé pendant trente ans ; je ne puis pas être de pire condition que celui qui l'aurait possédé sans titre et de mauvaise foi.

Mais il faut décider aussi que le titre non transcrit peut servir de base à la possession décennale ou vicennale. L'acquisition par prescription, en effet, est réglée par des dispositions spéciales que la loi de 1855 n'a pas eu pour but de modifier ; et ce serait ajouter une condition nouvelle à la prescription que d'exiger la transcription du titre. L'acquéreur, qui sans avoir fait transcrire son titre, aura possédé l'immeuble pendant dix ans, aura acquis par là un droit de propriété opposable à tous et le possesseur de bonne foi qui aurait acquis *à non domino*, et n'aurait pas fait transcrire son titre, acquerra par cette possession de dix ans, un droit de propriété opposable, tout à la fois, au *dominus* et aux tiers.

110. Que décider lorsqu'un immeuble a été aliéné par une personne depuis tombée en faillite? — Je dois rappeler ici que le jugement déclaratif de faillite enlève au failli l'administration de ses biens et qu'il ne peut plus dès lors consentir aucune aliénation (art. 443 C. Comm.). Je dois rappeler aussi qu'aux termes de l'art. 446 C. Comm. l'aliénation à titre gratuit est nulle lorsqu'elle a été faite après la cessation des paiements ou dans les dix jours qui l'ont précédée ; qu'aux termes de l'article 447, l'aliénation à titre onéreux *peut* être annulée si elle a été faite après la cessation des paiements et avant le jugement déclaratif de faillite. Dans tous les cas où la convention sera nulle, il est évident que la transcription ne pourra produire aucun effet. Mais supposons l'aliénation faite en dehors des circonstances prévues par les art. 446 et 447, valable par conséquent. Il faudra alors appliquer par analogie l'art. 448 et dire : La transcription sera valablement faite jusqu'au jour déclaratif de faillite (1). Néanmoins elle pourra être

(1) Le principe a pourtant été contesté en matière de donation, la seule espèce du reste qui pût se présenter avant la loi de 1855. On

déclarée nulle si elle a été faite après la cessation des paiements ou dans les dix jours qui précèdent, et qu'il se soit écoulé plus de quinze jours entre la date de la convention et la transcription qui en est faite.

§ 7. *Considérations sur l'étendue du principe de publicité dans la législation actuelle.*

111. La loi de 1855, comme on a pu le voir, n'est pas une innovation de nature à se heurter avec l'esprit ou le texte du Code. Au contraire, loin d'en rompre l'harmonie ou la concordance, loin d'en troubler les principes, il semble par toutes les dispositions du Code qu'elle y était attendue et que sa place y était marquée d'avance (Rapport de M. de Belleyme). Avec le rétablissement de la transcription en effet, on comprend les termes des articles 1140 et 1583 ; on explique les art. 2108, 2189 et tant d'autres dispositions qui semblaient faites en vue de la nécessité de la transcription, disparue

voulait appliquer non seulement au contrat de donation, mais aussi à sa transcription la règle de l'article 446 C. Comm, qui prononce la nullité des actes à titre gratuit passés dans les dix jours qui précèdent la cessation des paiements. Mais une jurisprudence à peu près unanime a rejeté cette opinion. (Grenoble, 17 juin 1822.— Rej. 26 nov. 1845. — Bourges, 9 août 1847. — Montpellier, 4 juin 1844. — Rej. 21 mai 1848. — Coin-Delisle, *Donat.* 941, no 14. — Bioche, vo *Faillite.* 99. — Bédarride, t. 1, no 109).

du Code on ne sait comment. La loi de 1855 rétablit le système de publicité des mutations immobilières à peu près tel qu'il était organisé par la loi de brumaire.

112. Mais il y a loin de là au système qui forme le droit commun de l'Allemagne. Le système allemand, dit M. Valette (1), offre le vrai type de la perfection quant à la publicité des droits réels immobiliers. Les immeubles y ont vraiment leur état civil comme les personnes, car c'est aux fonds de terre et non aux personnes, comme chez nous, qu'un compte est ouvert. Chaque fonds délimité d'une manière précise doit figurer sur le *livre terrier* comme individualité distincte, à laquelle vient se référer la mention de tous les droits qui la concernent ; sans cette mention nul ne peut prétendre un droit réel sur l'immeuble. Aussi le public peut prendre les énonciations contenues aux registres comme exprimant la situation vraie de la propriété, et être *certain* dans toute la portée du mot du droit de celui qui est inscrit comme propriétaire.

Ce système en lui-même est sans doute supérieur au nôtre, mais il semble en France repoussé par l'opinion, car il n'est en harmonie ni avec les principes de notre droit actuel, ni avec le mécanisme de

(1) V. un art. de M. Valette, dans la *Revue du droit français*. Année 1845, p. 53 et s.

nos administrations, ni avec la situation de la propriété foncière qui subit en France un morcellement toujours croissant.

113. Ce ne serait point appeler une réforme aussi radicale que de demander l'élargissement du système français. La publicité qui en est la base ne s'applique qu'aux mutations entre vifs; ce serait étendre le principe, mais non le changer que de l'appliquer à toutes les mutations immobilières : aux partages, aux testaments, aux successions légitimes. Il y aurait toujours entre le système allemand et le système français, cette différence profonde que le premier fait connaître l'état certain de la propriété, que le second ne ferait connaître que les mutations sans garantir la certitude des droits, mais il ferait du moins connaître toutes les mutations.

114. Mais une réforme bien plus légitime encore, ce serait d'effacer de nos Codes cette distinction de propriété relative et de propriété absolue, de mutation opérée entre les parties sans l'être à l'égard des tiers—distinction que l'esprit se refuse à comprendre et qui jette le doute et l'embarras dans une foule de questions pratiques. Ne donner à la convention que la force de créer des obligations, par conséquent exiger — la tradition pour la transmission des meubles, — la transcription pour la transmission

des immeubles, — l'inscription pour les privilèges et hypothèques, — l'acceptation ou la notification pour la transmission des droits incorporels; ce serait là un système dont toutes les parties auraient pour base commune l'idée de publicité et qui présenterait une simplicité toujours désirable.

POSITIONS.

DROIT ROMAIN.

1. Les jurisconsultes romains n'ont pas fait consister le fait de la tradition dans le contact matériel avec l'objet livré.

2. Les pactes et les stipulations, même sous Justinien, ne pouvaient faire naître les droits réels d'usufruit et de servitude.

3. Le titre putatif suffit pour que la tradition faite en vertu de ce titre transfère la propriété.

4. Je possède un esclave en commun avec Titius; vous faites tradition d'un objet à cet esclave dans l'intention de m'en transférer la propriété. Quoique l'esclave reçoive cet objet pour Titius, j'en deviens propriétaire. — Cependant cette décision n'a pas toujours été admise en droit romain.

5. Lorsque le mari, pour faire une libéralité à sa femme, ordonne à son débiteur de payer à celle-ci la somme qu'il lui doit, le débiteur est libéré par ce paiement, et la somme payée devient la propriété non de la femme, mais du mari.

6. L'action donnée au créancier contre le fidéjusseur qui a détruit l'objet de l'obligation n'a pas toujours été la même aux diverses époques du droit romain.

7. Dans le dernier état du droit romain, l'arrivée de la condition résolutoire opère de plein droit la résolution de la propriété.

DROIT CIVIL FRANÇAIS.

1. La transmission des meubles s'opère par le seul effet de la convention, même à l'égard des tiers.

2. Les donations de servitudes et droits d'usage sont sujettes à transcription.

3. Les héritiers du donateur ne peuvent opposer le défaut de transcription.

4. Les créanciers chirographaires du donateur ne peuvent opposer le défaut de transcription.

5. Lorsqu'un acquéreur qui n'a pas fait transcrire son contrat revend à un sous-acquéreur qui

fait transcrire le sien, ce sous-acquéreur doit être préféré à celui auquel le premier vendeur aurait vendu une seconde fois l'immeuble.

6. La transcription du dernier contrat de vente suffit pour opérer la déchéance des créanciers non inscrits des précédents vendeurs.

7. Lorsqu'un acquéreur, sans avoir fait transcrire son contrat, concède des hypothèques à ses créanciers, quoique la transcription du contrat de vente ne soit faite que postérieurement aux inscriptions prises par les créanciers, le privilége du vendeur prime ces hypothèques.

8. Le copartageant qui a laissé passer le délai qui lui est donné par l'art. 6 de la loi nouvelle et laissé perdre son droit de suite, conserve cependant son droit de préférence s'il prend inscription dans les deux mois de l'art. 2109.

9. Un acte de vente qui n'a pas été transcrit peut néanmoins servir de juste titre pour la prescription décennale.

10. La vente d'un immeuble par un commerçant, qui depuis est tombé en faillite, ne peut être opposée aux créanciers du failli, si elle n'a été transcrite qu'après le jugement déclaratif de faillite.

11. Les privilèges spéciaux priment les privilèges généraux.

12. L'hypothèque consentie pour sûreté d'un crédit prend rang du jour de l'inscription, et non pas seulement du jour de l'emprunt réellement effectué.

13. A la dissolution de la communauté, la femme exerce ses reprises à titre de créancière et en concurrence avec les créanciers de la communauté.

14. La femme peut valablement garantir la vente de son bien dotal sur ses immeubles paraphernaux.

HISTOIRE DU DROIT.

1. Les justices seigneuriales et en général les droits régaliens ont leur origine dans les chartes d'immunité de l'époque franque.

2. La noblesse et le corps féodal étaient choses distinctes.

3. La distinction des pays de droit écrit et des pays de droit coutumier n'était pas tellement tranchée, que les pays de droit écrit n'eussent des coutumes, et que le droit romain n'eût autorité dans les pays coutumiers.

4. La question de savoir si les terres étaient présumées alleux ou présumées engagées dans les relations féodales, était diversement résolue en France avant 89.

DROIT DES GENS.

1. En principe, un Français peut se rendre adjudicataire d'un navire français capturé par l'ennemi et déclaré de bonne prise.

2. En matière de prises maritimes, c'est le tribunal du capteur qui est juge de la validité de la prise.

3. D'après une doctrine généralement suivie en Europe, la notification collective de blocus peut suppléer à la notification individuelle.—Cependant la France s'en est écartée quelquefois.

4. D'après la doctrine suivie en France, le pavillon couvre la marchandise. — La doctrine de l'Angleterre, au contraire, est que la nationalité du navire ne protége ni n'infecte la cargaison.

DROIT CRIMINEL.

1. Le duel ne tombe pas sous l'application de nos lois pénales.

2. Les tribunaux militaires, en cas de crime purement militaire, ne peuvent admettre des circonstances atténuantes.

Vu par le Président de la Thèse,

L. Perreyve.

Vu par le Doyen de la Faculté,

C. A. Pellat.

Permis d'imprimer :

Le Vice-Recteur de l'Académie,

Cayx.

TABLE.

www.ingramcontent.com/pod-product-compliance
Ingram Content Group UK Ltd.
Pitfield, Milton Keynes, MK11 3LW, UK
UKHW021107220726
13924UKWH00004B/1566